Secrets de banquiers

Comment les banques contrôlent notre vie financière

Sommaire

Les innovations technologiques et leur impact sur le secteur bancaire

Histoire et évolution des banques

Les premières banques

Les premières banques remontent à plusieurs millénaires avant notre ère, dans les civilisations de Mésopotamie, d'Égypte et de Grèce antique. Cependant, ces banques étaient très différentes de celles que nous connaissons aujourd'hui.

Les banques de l'Antiquité avaient des fonctions similaires à celles des banques modernes, notamment la gestion des dépôts, des prêts et des opérations de change. Cependant, leur activité était basée sur l'échange de biens et de métaux précieux plutôt que sur la monnaie. En outre, les banques étaient souvent la propriété de riches marchands ou de temples religieux.

Au Moyen Âge, les banquiers italiens ont établi les premières banques modernes. Les marchands italiens ont commencé à utiliser des lettres de crédit pour faciliter les échanges commerciaux entre les différentes régions d'Europe. Ces lettres de crédit permettaient aux marchands de transférer des fonds d'un compte à l'autre sans avoir à transporter des pièces de monnaie.

Au cours des siècles suivants, les banques ont évolué pour devenir des institutions plus formelles et réglementées. Les banques centrales ont été créées pour aider à stabiliser les économies nationales, tandis que les banques commerciales ont commencé à offrir une gamme plus large de services financiers, tels que des prêts hypothécaires et des cartes de crédit.

Les grandes crises bancaires ont également eu un impact important sur l'histoire des banques. La crise financière de 1929 aux États-Unis a entraîné la faillite de nombreuses banques et a conduit à la création de la Federal Deposit Insurance Corporation (FDIC), un système de garantie des dépôts qui garantit les dépôts bancaires jusqu'à une certaine limite. En 2008, la crise financière mondiale a mis en lumière les risques importants associés à l'activité bancaire, tels que les prêts à risque et les produits dérivés complexes.

La naissance des banques modernes

La naissance des banques modernes est un moment clé de l'histoire économique et financière. Elle a eu lieu à la fin du Moyen Âge, lorsque les premiers échanges commerciaux internationaux ont commencé à se développer. À cette époque, les marchands avaient besoin de financer leurs opérations commerciales, mais ils ne pouvaient pas le faire en utilisant leur propre capital. C'est ainsi que les premières banques ont vu le jour.

Ces banques étaient souvent des entreprises familiales, dirigées par des marchands riches et influents. Elles ont commencé à offrir des services financiers tels que la gestion des dépôts, les transferts d'argent et les prêts commerciaux. Les banques modernes ont également commencé à émettre des billets de banque, qui étaient souvent échangeables contre de l'or ou de l'argent.

Les banques modernes ont connu un essor considérable à partir du XVIIIe siècle, avec l'essor de la révolution industrielle et de l'économie de marché. Les banques se sont rapidement diversifiées, offrant des services tels que la gestion de patrimoine, les prêts hypothécaires et les assurances.

L'une des évolutions les plus marquantes du secteur bancaire moderne a été la création des banques centrales. Ces institutions ont été créées pour réguler l'offre de monnaie dans l'économie et pour prévenir les crises financières. Les premières banques centrales ont été créées au XVIIe siècle en Europe, mais elles ont connu une expansion considérable au XXe siècle, avec la création de la Réserve fédérale aux États-Unis et de la Banque centrale européenne.

L'avènement de l'informatique et des technologies numériques a également transformé le secteur bancaire moderne. Les banques ont commencé à offrir des services en ligne et à utiliser des technologies telles que la blockchain pour améliorer la sécurité et la rapidité des transactions. Les banques ont également dû s'adapter aux nouvelles réglementations liées à la cybersécurité et à la protection des données personnelles.

Les grandes crises bancaires et financières

Les grandes crises bancaires et financières ont marqué l'histoire de l'économie mondiale et ont profondément affecté les systèmes financiers des pays. Elles ont également eu des répercussions sur la vie quotidienne des citoyens ordinaires. La plus célèbre d'entre elles est la crise de 1929, qui a entraîné la Grande Dépression et a eu un impact mondial.

La crise de 1929 a été causée par une bulle spéculative sur les marchés boursiers et une surproduction dans l'industrie. Lorsque la bulle a éclaté, de nombreux investisseurs ont perdu tout leur argent et les entreprises ont dû licencier des travailleurs en masse. Cela a conduit à une réduction de la demande de biens et services, ce qui a entraîné une récession économique mondiale.

Plus récemment, la crise financière mondiale de 2008 a été causée par une bulle immobilière aux États-Unis, où les banques accordaient des prêts hypothécaires à des personnes qui ne pouvaient pas se permettre de les rembourser. Ces prêts ont été regroupés dans des produits financiers complexes appelés « subprimes » et vendus sur les marchés financiers du monde entier. Lorsque la bulle immobilière a éclaté et que les prêts ont commencé à faire défaut, les banques ont subi des pertes massives, ce qui a entraîné une crise de confiance dans le système financier mondial.

Ces crises ont mis en évidence l'importance d'une régulation et d'une supervision efficaces du secteur bancaire. Depuis la crise de 2008, de nombreuses réformes ont été entreprises pour renforcer la réglementation des banques et leur surveillance. Les réglementations prudentielles, telles que les accords de Bâle, ont été renforcées pour améliorer la solvabilité et la liquidité des banques. Des systèmes de garantie des dépôts et de résolution des crises ont également été mis en place pour protéger les clients et les contribuables.

Il est important de noter que les crises financières ne sont pas inévitables et que la stabilité financière peut être maintenue grâce à une réglementation et une surveillance appropriées. Les banques ont un rôle crucial à jouer dans l'économie en finançant les entreprises et les ménages, en créant de la monnaie et en fournissant des services financiers essentiels. Il est donc crucial de maintenir un système bancaire solide et stable pour assurer une croissance économique durable et une prospérité pour tous.

Rôle et fonctions des banques dans l'économie

Interconnexion avec le système économique global

Les banques sont des acteurs clés du système économique mondial. Elles interagissent avec les entreprises, les particuliers et les gouvernements pour fournir des services financiers essentiels tels que le financement de l'économie, la gestion de la monnaie et la protection contre les risques financiers. Leur rôle dans le système économique est crucial car elles sont responsables de la création et de la circulation de la monnaie, qui est à la base de toutes les transactions économiques.

Les banques interagissent avec l'économie globale de différentes manières. Tout d'abord, elles offrent des services financiers aux entreprises et aux particuliers qui sont actifs dans des économies locales, régionales et mondiales. Les banques commerciales proposent des prêts et des crédits pour aider les entreprises à démarrer et à se développer, tandis que les banques d'investissement fournissent des services de conseil et de financement pour les grandes entreprises qui cherchent à se développer à l'échelle mondiale.

Les banques interagissent également avec les gouvernements, en achetant des obligations d'État et en participant à des programmes de financement pour aider les gouvernements à financer des projets d'infrastructure et à soutenir l'économie. Les banques centrales jouent un rôle particulièrement important dans l'interconnexion avec le système économique global, car elles sont responsables de la politique monétaire et de la stabilité financière. Elles interviennent sur les marchés pour réguler l'inflation et la croissance économique, et pour maintenir la stabilité financière en période de crise.

Les banques interagissent également avec les marchés financiers mondiaux. Les banques d'investissement sont des acteurs importants sur les marchés financiers, où elles achètent et vendent des actions, des obligations et des produits dérivés. Les banques commerciales utilisent les marchés financiers pour se financer et pour gérer les risques liés à leurs activités. Les banques centrales interagissent également avec les marchés financiers en achetant et vendant des actifs pour réguler l'inflation et la croissance économique.

Enfin, les banques interagissent également avec d'autres acteurs du système économique global, tels que les institutions financières internationales, les organismes de réglementation et les organismes de surveillance. Les banques de développement, par exemple, travaillent avec des institutions financières internationales pour fournir un financement à long terme aux pays en développement. Les organismes de réglementation et de surveillance travaillent avec les banques pour garantir la transparence, la gouvernance et la sécurité financière dans le système économique global.

Création et gestion de la monnaie

La création et la gestion de la monnaie sont au cœur du fonctionnement des banques. Les banques créent de la monnaie en accordant des prêts aux particuliers et aux entreprises, tout en assurant une gestion rigoureuse de leur bilan. Cette création de monnaie est un processus complexe qui implique plusieurs acteurs, dont les banques centrales, les régulateurs et les gouvernements.

Les banques commerciales sont les principaux acteurs de la création monétaire. Elles créent de la monnaie chaque fois qu'elles accordent des prêts, en inscrivant un montant correspondant sur le compte de leur client. En effet, lorsqu'une banque accorde un prêt, elle n'a pas besoin d'avoir les fonds correspondants en sa possession. Au lieu de cela, elle peut créer de la monnaie en inscrivant simplement le montant correspondant sur le compte de son client. C'est ce que l'on appelle la création de monnaie scripturale.

Cette création de monnaie a un impact important sur l'économie, car elle permet de financer des investissements et des projets qui stimulent la croissance économique. Cependant, elle peut également avoir des conséquences négatives, notamment en cas de crise économique ou financière. Les banques doivent donc être prudentes dans leur gestion de la monnaie, en veillant à maintenir un équilibre entre le risque et la rentabilité.

Les banques centrales jouent un rôle crucial dans la gestion de la monnaie. Elles sont chargées de réguler la quantité de monnaie en circulation dans l'économie, en fixant des taux d'intérêt et en menant des opérations sur les marchés financiers. Elles sont également responsables de la stabilité financière et de la protection des consommateurs.

Les régulateurs jouent également un rôle important dans la gestion de la monnaie. Ils veillent à ce que les banques respectent les normes de transparence, de gouvernance et de sécurité, en imposant des exigences de fonds propres et en contrôlant les risques de crédit, de marché et opérationnels.

Enfin, les gouvernements ont un rôle clé dans la gestion de la monnaie, notamment en fixant des politiques économiques qui visent à stimuler la croissance, à réduire l'inflation et à protéger les consommateurs.

Financement de l'économie

Le financement de l'économie est l'une des principales missions des banques. Les banques offrent des prêts et des crédits pour aider les entreprises, les particuliers et les gouvernements à investir dans des projets et à développer leurs activités. Les banques sont les intermédiaires entre les épargnants et les emprunteurs, en collectant des dépôts et en les utilisant pour financer des projets rentables.

Les banques commerciales sont les principales sources de financement pour les entreprises. Elles accordent des crédits à court terme pour répondre aux besoins quotidiens de trésorerie, ainsi que des crédits à moyen et long terme pour financer des projets d'investissement. Les banques de développement sont également importantes pour financer des projets à long terme, tels que les infrastructures publiques et les projets sociaux.

Les banques centrales jouent également un rôle crucial dans le financement de l'économie en fixant les taux d'intérêt et en mettant en œuvre des politiques monétaires pour réguler l'activité économique. Les banques centrales peuvent également fournir des prêts d'urgence aux banques commerciales en cas de crise financière.

Les banques d'investissement fournissent du financement pour les grandes entreprises et les gouvernements en émettant des obligations et des actions sur les marchés financiers. Elles offrent également des conseils en matière de fusions-acquisitions et de restructuration d'entreprise.

Les banques coopératives sont des institutions financières qui appartiennent à leurs membres et qui sont gérées par eux. Elles offrent des services bancaires et des crédits à des taux d'intérêt avantageux pour soutenir les petites entreprises et les agriculteurs.

Les banques en ligne et les néobanques sont des nouveaux acteurs sur le marché du financement de l'économie. Elles proposent des services bancaires à moindre coût et facilitent l'accès au financement pour les particuliers et les petites entreprises.

Le financement de l'économie est essentiel pour stimuler la croissance économique et l'innovation. Les banques jouent un rôle crucial en fournissant des fonds pour les projets d'investissement. Cependant, les banques doivent gérer les risques de crédit et de marché pour garantir la stabilité financière. Les régulateurs financiers veillent à ce que les banques respectent les normes de transparence et de gouvernance pour protéger les déposants et les investisseurs.

Les différents types de banques

Banques commerciales

Les banques commerciales sont des institutions financières qui offrent des services bancaires de base aux particuliers et aux entreprises. Elles sont régies par des réglementations strictes pour assurer la sécurité des dépôts et la stabilité du système financier.

Les banques commerciales jouent un rôle crucial dans l'économie en mobilisant les dépôts pour financer les prêts aux emprunteurs, qu'il s'agisse de particuliers ou d'entreprises. En effet, ces banques collectent les dépôts des clients, puis les utilisent pour accorder des prêts et générer des intérêts.

Les services bancaires offerts par les banques commerciales incluent les comptes courants et d'épargne, les prêts et crédits, les cartes de crédit, les services de paiement et la monnaie électronique. Les clients peuvent accéder à ces services via différents canaux de distribution tels que les guichets automatiques, les agences physiques et les plateformes en ligne.

Les banques commerciales sont également tenues de gérer les risques liés à leurs activités. Cela inclut le risque de crédit, qui est le risque que les emprunteurs ne remboursent pas leurs dettes, ainsi que le risque de marché, le risque opérationnel, le risque de liquidité, le risque de taux d'intérêt et le risque de change.

Les banques commerciales sont réglementées et supervisées par des autorités de régulation nationales et internationales, qui veillent à ce que ces institutions respectent les normes de transparence et de gouvernance. Les organismes de régulation prudentielle tels que Bâle I, II et III ont été créés pour renforcer la solidité financière des banques et minimiser les risques systémiques.

Les banques commerciales sont souvent critiquées pour leur manque de transparence et leur responsabilité sociale limitée. Cependant, certaines banques ont adopté des pratiques de finance responsable et d'investissement socialement responsable (ISR) pour répondre aux préoccupations environnementales et sociales de leurs clients.

Enfin, l'essor des fintechs et la digitalisation des services bancaires ont eu un impact significatif sur les banques commerciales, qui doivent désormais s'adapter à un environnement de plus en plus concurrentiel. Les banques ont dû innover et proposer de nouveaux produits et services pour rester compétitives dans un marché en constante évolution.

Banques d'investissement

Les banques d'investissement sont des institutions financières spécialisées dans les opérations de marché, les fusions-acquisitions, les émissions d'actions et d'obligations, et les conseils en matière de stratégie financière. Contrairement aux banques commerciales qui gèrent les dépôts et les prêts aux particuliers et aux entreprises, les banques d'investissement travaillent principalement avec les grandes entreprises et les institutions financières pour les aider à lever des fonds, à gérer les risques financiers, et à réaliser des opérations complexes.

Les banques d'investissement ont émergé au cours du 19ème siècle en réponse à la demande croissante d'expertise financière pour les grandes entreprises. Au fil du temps, leur rôle a évolué et elles sont devenues des acteurs majeurs sur les marchés financiers, offrant des services tels que le trading, la gestion de portefeuille et le conseil en investissement.

Les banques d'investissement sont souvent impliquées dans des transactions complexes, telles que les fusions et acquisitions d'entreprises, les introductions en bourse, les émissions d'obligations et les produits dérivés. Elles utilisent leur expertise pour conseiller les entreprises sur la façon de lever des fonds, de réduire les risques et de maximiser les rendements.

Cependant, les activités des banques d'investissement peuvent aussi présenter des risques pour l'économie en raison de leur participation aux opérations de marché à haut risque. C'est pourquoi elles sont régulées de manière stricte par les autorités financières, notamment en termes de capitalisation et de gestion des risques.

En fin de compte, les banques d'investissement jouent un rôle important dans le fonctionnement des marchés financiers et dans l'économie en général. Leur expertise financière et leur capacité à fournir des solutions financières complexes sont des atouts précieux pour les grandes entreprises et les institutions financières. Cependant, leur participation aux activités de marché à haut risque souligne l'importance de la réglementation et de la supervision pour prévenir les crises financières.

Banques centrales

Les banques centrales jouent un rôle crucial dans l'économie mondiale. Elles ont pour mission principale la gestion de la politique monétaire, qui vise à maintenir la stabilité des prix et à promouvoir la croissance économique. Les banques centrales ont également la responsabilité de superviser le système bancaire et financier de leur pays et de réguler le marché monétaire.

Les banques centrales ont évolué au fil du temps, passant d'institutions bancaires commerciales à des organisations gouvernementales indépendantes. La plupart des banques centrales ont été créées au XIXe siècle pour réguler les systèmes bancaires nationaux, mais leur rôle a évolué pour inclure la politique monétaire et la stabilité financière.

La Banque centrale européenne (BCE) est un exemple de banque centrale créée pour réguler une monnaie commune. Elle a été créée en 1998 pour gérer l'euro et promouvoir la stabilité financière dans la zone euro. La BCE est chargée de définir et de mettre en œuvre la politique monétaire de la zone euro, en collaboration avec les banques centrales nationales.

Les banques centrales utilisent différents instruments pour influencer la politique monétaire. Elles peuvent modifier les taux d'intérêt, acheter et vendre des titres sur le marché monétaire, et réglementer les réserves obligatoires des banques commerciales. Les banques centrales peuvent également intervenir sur le marché des changes pour stabiliser les taux de change.

La politique monétaire a un impact important sur l'économie, notamment sur l'inflation, le chômage et la croissance économique. Les banques centrales doivent donc travailler en étroite collaboration avec le gouvernement et les autres acteurs économiques pour atteindre leurs objectifs de politique monétaire.

Les banques centrales sont également responsables de la supervision et de la régulation des banques commerciales et des institutions financières. Elles définissent les normes de solvabilité et de liquidité, et veillent à ce que les institutions financières respectent les réglementations en matière de blanchiment d'argent et de financement du terrorisme.

Enfin, les banques centrales ont un rôle crucial à jouer dans la prévention et la résolution des crises financières. Elles peuvent fournir des prêts d'urgence aux banques commerciales et prendre des mesures pour assurer la stabilité financière en temps de crise.

Banques de développement

Les banques de développement sont des institutions financières spécialisées dans le financement de projets économiques et sociaux destinés à favoriser le développement des pays en voie de développement. Leur objectif est de soutenir la croissance économique en finançant des projets d'infrastructures, des programmes de développement agricole, des projets énergétiques, des initiatives d'entrepreneuriat et d'autres projets qui ont un impact positif sur la société.

Les banques de développement peuvent être des institutions nationales ou internationales. Les institutions nationales sont généralement créées par les gouvernements pour soutenir le développement économique et social de leur pays. Les institutions internationales, quant à elles, sont créées par plusieurs gouvernements ou par des organisations internationales pour financer des projets dans différents pays.

Le financement fourni par les banques de développement est souvent moins cher que celui des banques commerciales traditionnelles, car ces institutions bénéficient d'un accès privilégié à des sources de financement à faible coût, telles que les fonds souverains, les investisseurs institutionnels et les banques centrales.

Les banques de développement offrent également des prêts à des taux d'intérêt bas, des subventions et des garanties pour aider les entreprises à accéder à des financements nécessaires pour lancer leurs projets. Ces institutions peuvent également fournir une assistance technique aux bénéficiaires de financement pour les aider à développer leurs projets de manière efficace.

Les projets financés par les banques de développement ont souvent des retombées positives sur l'économie locale, car ils créent des emplois, stimulent la croissance économique et améliorent la qualité de vie des populations locales. De plus, les banques de développement peuvent aider à renforcer les capacités des institutions publiques locales en fournissant une assistance technique pour améliorer les politiques publiques et les pratiques de gestion.

Enfin, les banques de développement peuvent jouer un rôle important dans la réalisation des objectifs de développement durable des Nations Unies, en soutenant des projets qui ont un impact positif sur l'environnement, la santé, l'éducation, l'égalité des sexes et la réduction de la pauvreté.

Banques coopératives

Les banques coopératives sont des institutions financières qui ont pour particularité d'être détenues et gérées par leurs membres, souvent des clients qui ont une relation étroite avec la banque et qui ont des intérêts communs. Contrairement aux autres types de banques, qui ont pour but de maximiser les bénéfices de leurs actionnaires, les banques coopératives sont des entreprises à but non lucratif dont la mission est de servir les intérêts de leurs membres et de la communauté.

Les banques coopératives ont été créées à la fin du XIXe siècle pour aider les agriculteurs et les coopératives agricoles à accéder aux services bancaires. Aujourd'hui, ces banques sont présentes dans de nombreux pays, principalement en Europe et en Amérique du Nord, et sont souvent regroupées en réseaux coopératifs qui partagent les mêmes valeurs et principes.

Le modèle coopératif repose sur la participation active et démocratique des membres à la gouvernance de la banque. Les membres élisent les administrateurs de la banque et ont le droit de voter sur les décisions importantes qui les concernent. Les bénéfices de la banque sont redistribués aux membres sous forme de dividendes ou de services améliorés.

Les banques coopératives sont souvent plus proches de leur communauté et de leurs clients que les autres types de banques. Elles offrent souvent des produits et des services adaptés aux besoins locaux, comme des prêts pour les petites entreprises ou des services de microfinance pour les personnes à faible revenu. Elles peuvent également jouer un rôle important dans le financement de projets de développement local et durable.

Les banques coopératives ont souvent des normes éthiques et sociales plus strictes que les autres types de banques. Elles peuvent avoir des politiques de non-financement de secteurs controversés tels que l'armement, le tabac ou les énergies fossiles. Elles peuvent également s'engager dans des projets de développement durable et de lutte contre la pauvreté.

Banques en ligne et néobanques

Dans un monde de plus en plus numérique, les banques en ligne et les néobanques gagnent en popularité auprès des consommateurs. Les banques en ligne sont des institutions financières qui offrent des services bancaires exclusivement en ligne, sans infrastructure physique, tandis que les néobanques sont des startups financières qui proposent des services bancaires entièrement numériques.

Les banques en ligne et les néobanques se distinguent des banques traditionnelles en proposant des services rapides, pratiques et accessibles à un coût souvent inférieur. Les clients peuvent effectuer des opérations bancaires de base telles que le paiement de factures, le transfert d'argent et la gestion de leur compte depuis leur ordinateur ou leur téléphone portable, sans avoir à se rendre physiquement dans une agence.

Cependant, les banques en ligne et les néobanques présentent également des risques pour les consommateurs, tels que la sécurité des données et des transactions, ainsi que la disponibilité de l'assistance clientèle en cas de problèmes techniques. Il est donc important que les clients choisissent des institutions financières réputées et fiables.

En outre, les banques en ligne et les néobanques peuvent ne pas offrir les mêmes avantages que les banques traditionnelles, tels que des prêts à des taux avantageux ou des services de conseil financier personnalisé. Les clients doivent donc peser le coût et les avantages de ces services avant de choisir une institution financière.

Enfin, les banques en ligne et les néobanques sont en concurrence avec les banques traditionnelles, ce qui pourrait entraîner une évolution du secteur bancaire dans son ensemble. Les banques traditionnelles pourraient être amenées à réduire leurs coûts et à adopter des technologies plus avancées pour rester compétitives, ce qui pourrait bénéficier aux clients.

Structure et fonctionnement des banques

Organisation interne

L'organisation interne des banques est un élément clé pour leur fonctionnement efficace et leur succès. Les banques ont une structure complexe qui comprend plusieurs départements et unités fonctionnelles. Cette structure est conçue pour assurer la gestion optimale des opérations bancaires et pour offrir des services de qualité aux clients.

La plupart des grandes banques ont une structure organisationnelle similaire, composée de trois niveaux : le niveau stratégique, le niveau tactique et le niveau opérationnel. Le niveau stratégique est responsable de la direction générale de la banque, du développement des politiques et des objectifs à long terme. Le niveau tactique s'occupe de la planification et de la mise en œuvre des stratégies de la banque, tandis que le niveau opérationnel est responsable de l'exécution des opérations quotidiennes.

Chaque département de la banque est chargé de fonctions spécifiques. Le département des opérations bancaires, par exemple, s'occupe de la gestion des opérations quotidiennes telles que les dépôts et les retraits, les transferts de fonds et la tenue des comptes. Le département des prêts et des crédits, quant à lui, est responsable de la gestion des prêts, de l'évaluation des risques et de la vérification de la solvabilité des emprunteurs. Le département des finances est responsable de la gestion des actifs et des passifs de la banque, de la planification budgétaire et de la gestion des risques financiers.

L'organisation interne des banques inclut également un département des ressources humaines qui s'occupe du recrutement, de la formation et du développement des employés. Le département de la conformité est chargé de garantir que la banque respecte toutes les réglementations en matière de conformité légale, de lutte contre le blanchiment d'argent et de la conformité aux normes internationales.

La communication interne est essentielle pour assurer la coordination entre les différents départements et pour garantir que les objectifs de la banque soient atteints. Les réunions régulières, les rapports et les évaluations sont autant d'outils de communication utilisés pour atteindre cet objectif.

Enfin, la culture d'entreprise est un élément important de l'organisation interne des banques. Les valeurs et la vision de la banque sont transmises aux employés par le biais de la formation, de la communication et de la récompense des comportements qui sont alignés avec les valeurs et la vision de la banque.

Les canaux de distribution

Les canaux de distribution sont l'un des aspects clés du fonctionnement des banques. Ces canaux permettent aux clients d'interagir avec la banque, d'accéder à ses produits et services, et d'effectuer des transactions financières.

Les canaux de distribution traditionnels sont les agences physiques, qui sont généralement situées dans des emplacements stratégiques pour offrir un accès facile aux clients. Les agences physiques permettent aux clients de rencontrer directement un conseiller bancaire, de discuter de leurs besoins financiers, et de conclure des transactions. Les agences physiques offrent également une gamme de services supplémentaires tels que des distributeurs automatiques de billets, des caisses de dépôt et des guichets automatiques.

Cependant, avec l'évolution de la technologie, les banques ont commencé à utiliser des canaux de distribution numériques pour atteindre un public plus large et offrir des services plus efficaces. Les canaux de distribution numériques incluent les sites web de la banque, les applications mobiles, les plateformes de banque en ligne et les chatbots.

Les sites web des banques offrent aux clients un accès facile aux informations sur les produits et services de la banque, ainsi que sur les taux d'intérêt et les conditions de crédit. Les applications mobiles permettent aux clients de gérer leurs comptes bancaires, de payer des factures et de transférer de l'argent depuis leur smartphone ou leur tablette.

Les plateformes de banque en ligne offrent une expérience bancaire complète sans l'intervention d'un conseiller bancaire. Les clients peuvent ouvrir un compte en ligne, effectuer des transactions, gérer leur portefeuille et même investir leur argent. Les chatbots sont des assistants virtuels alimentés par l'intelligence artificielle qui peuvent aider les clients à répondre à des questions simples sur leurs comptes bancaires ou à trouver des produits et services pertinents.

En outre, les canaux de distribution numériques offrent des avantages supplémentaires aux clients, tels que des temps de réponse plus rapides, des coûts plus faibles et des fonctionnalités supplémentaires, telles que des outils de budgétisation et de planification financière.

Les canaux de distribution sont donc un élément crucial du fonctionnement des banques, car ils offrent un moyen efficace de fournir des produits et services financiers à un large public. Les banques doivent s'adapter aux évolutions technologiques pour répondre aux besoins de leur clientèle et offrir une expérience bancaire conviviale et transparente.

La gestion des risques

La gestion des risques est un aspect essentiel de l'activité bancaire. Les banques doivent gérer une multitude de risques différents pour assurer la sécurité de leurs clients, de leurs employés, de leurs investissements et de l'ensemble du système financier.

Les risques auxquels les banques sont confrontées peuvent être classés en plusieurs catégories, notamment le risque de crédit, le risque de marché, le risque opérationnel, le risque de liquidité, le risque de taux d'intérêt et le risque de change. Chaque type de risque présente des défis spécifiques et nécessite une approche de gestion adaptée.

La gestion des risques commence par l'identification et l'évaluation de ces risques. Les banques doivent déterminer les probabilités et les impacts potentiels de chaque type de risque afin de déterminer les mesures de prévention et de contrôle appropriées.

Les banques ont également recours à des techniques de gestion des risques, telles que la diversification et la couverture, la titrisation, l'utilisation des produits dérivés, la modélisation et les stress tests, pour minimiser les risques potentiels.

Cependant, la gestion des risques ne peut pas être considérée comme une activité ponctuelle. Elle doit être intégrée à l'ensemble de l'organisation et être une préoccupation permanente pour les banques. La culture de gestion des risques doit être ancrée dans les valeurs et les pratiques de l'entreprise.

En outre, les régulateurs et les organismes de supervision jouent un rôle important dans la gestion des risques en veillant à ce que les banques respectent les normes de régulation et de supervision appropriées. Les normes de transparence et de gouvernance sont également importantes pour assurer la responsabilité des banques envers leurs clients et la société dans son ensemble.

Enfin, il convient de noter que la gestion des risques est un domaine en constante évolution, avec de nouveaux risques émergents tels que la cybersécurité et les risques environnementaux. Les banques doivent rester à l'écoute des développements et des tendances pour maintenir leur capacité à gérer les risques efficacement.

La rentabilité et la performance financière

La rentabilité et la performance financière des banques sont des éléments clés pour leur survie et leur croissance à long terme. Dans un environnement économique de plus en plus compétitif, les banques doivent chercher à maximiser leurs bénéfices tout en gérant efficacement les risques.

La rentabilité est mesurée par le ratio de rentabilité des capitaux propres (ROE) et le ratio de rentabilité des actifs (ROA). Le ROE mesure le bénéfice net rapporté aux capitaux propres et le ROA mesure le bénéfice net rapporté aux actifs totaux. Ces ratios permettent de mesurer l'efficacité avec laquelle les banques utilisent leurs capitaux propres et leurs actifs pour générer des bénéfices.

Pour augmenter leur rentabilité, les banques doivent chercher à maximiser leurs revenus tout en minimisant leurs coûts. Les revenus peuvent être augmentés grâce à une croissance des prêts, des commissions et des revenus de trading. Les coûts peuvent être réduits grâce à une meilleure gestion des coûts opérationnels et une optimisation de la gestion des risques.

La performance financière est également mesurée par d'autres ratios, tels que le ratio de liquidité et le ratio de solvabilité. Le ratio de liquidité mesure la capacité de la banque à répondre aux obligations de paiement à court terme, tandis que le ratio de solvabilité mesure la capacité de la banque à faire face à des pertes potentielles.

Pour améliorer leur performance financière, les banques doivent chercher à augmenter leur efficacité opérationnelle, à gérer efficacement les risques et à maintenir un ratio de liquidité et de solvabilité adéquat. Les banques peuvent également chercher à diversifier leur portefeuille de produits et à développer de nouveaux produits et services pour répondre aux besoins changeants de leurs clients.

Il est important de noter que la rentabilité et la performance financière des banques ne doivent pas être obtenues au détriment de l'éthique et de la responsabilité sociale. Les banques doivent s'engager à respecter les normes éthiques et environnementales les plus élevées, tout en cherchant à maximiser leur rentabilité.

Services et produits bancaires

Comptes courants et d'épargne

Les comptes courants et d'épargne sont des produits bancaires de base offerts par la plupart des banques. Les comptes courants sont utilisés pour gérer les transactions quotidiennes, tandis que les comptes d'épargne sont utilisés pour économiser de l'argent.

Les comptes courants permettent de déposer de l'argent, d'en retirer, de faire des paiements par chèque ou par carte bancaire. Les comptes courants peuvent également offrir des fonctionnalités supplémentaires, telles que des virements électroniques et des alertes de solde.

Les comptes d'épargne sont utilisés pour économiser de l'argent pour des projets futurs ou pour faire face à des imprévus. Ces comptes peuvent offrir un taux d'intérêt plus élevé que les comptes courants, permettant ainsi de gagner de l'argent sur l'argent épargné. Certains comptes d'épargne peuvent également avoir des restrictions en termes de montant minimum à déposer et de retrait.

Les banques offrent également des produits d'épargne plus sophistiqués, tels que les comptes à terme et les livrets d'épargne. Les comptes à terme sont des comptes d'épargne avec un taux d'intérêt fixe sur une période déterminée. Les livrets d'épargne sont des comptes d'épargne avec un taux d'intérêt variable, mais qui peuvent offrir des avantages fiscaux.

Il est important de comparer les offres de différents établissements financiers pour trouver le produit d'épargne qui convient le mieux à ses besoins. Les taux d'intérêt, les frais et les conditions peuvent varier considérablement d'une banque à l'autre.

Il est également important de se rappeler que l'épargne est une partie importante de la planification financière. En économisant de l'argent régulièrement, on peut se constituer un fonds d'urgence pour faire face à des situations imprévues, comme une perte d'emploi ou des frais médicaux. L'épargne peut également être utilisée pour atteindre des objectifs financiers à long terme, comme l'achat d'une maison ou la retraite.

Prêts et crédits

L'octroi de prêts et de crédits est l'une des principales fonctions des banques. Les prêts et les crédits permettent aux particuliers et aux entreprises d'acquérir des biens et des services dont ils ont besoin, tout en offrant à la banque des opportunités de générer des revenus. Dans cette section, nous allons explorer en détail les différents types de prêts et de crédits offerts par les banques et les implications de leur utilisation.

Tout d'abord, il est important de comprendre la différence entre les prêts et les crédits. Un prêt est une somme d'argent prêtée par la banque à un emprunteur, qui doit être remboursée avec intérêts sur une période déterminée. Un crédit, en revanche, est une somme d'argent mise à disposition de l'emprunteur qui peut être utilisée selon ses besoins, avec des intérêts facturés uniquement sur le montant effectivement utilisé.

Les prêts et les crédits sont généralement classés en deux catégories : les prêts à la consommation et les prêts professionnels. Les prêts à la consommation sont destinés aux particuliers pour financer des dépenses personnelles telles que l'achat d'une voiture, de biens immobiliers ou de vacances. Les prêts professionnels, quant à eux, sont destinés aux entreprises pour financer leurs activités commerciales, telles que l'achat d'équipements, de stocks ou de fonds de roulement.

Il existe également des prêts hypothécaires qui sont utilisés pour financer l'achat d'une propriété immobilière. Les prêts hypothécaires peuvent être à taux fixe ou variable, selon la préférence de l'emprunteur. Les prêts étudiants sont également courants et sont utilisés pour financer les études universitaires.

Les banques offrent également une variété de crédits aux entreprises, tels que les crédits de trésorerie pour financer les besoins quotidiens en liquidités, les crédits-bails pour acquérir des équipements et les lignes de crédit pour des projets à plus long terme. Les banques peuvent également offrir des crédits à la consommation pour des dépenses non planifiées, tels que les réparations automobiles ou les frais médicaux.

Les prêts et les crédits sont soumis à des taux d'intérêts qui varient selon la situation de l'emprunteur, le type de prêt ou de crédit et le niveau de risque perçu par la banque. Les taux d'intérêt peuvent être fixes ou variables, en fonction de la durée du prêt ou du crédit et de l'état du marché.

Services d'investissement et de gestion de patrimoine

Les services d'investissement et de gestion de patrimoine sont des domaines clés du secteur bancaire. Ils visent à aider les clients à gérer leurs investissements et leur patrimoine afin d'atteindre leurs objectifs financiers. Les services d'investissement comprennent une gamme de produits, tels que les actions, les obligations, les fonds communs de placement, les produits dérivés, etc., qui permettent aux clients de diversifier leur portefeuille et d'obtenir un rendement optimal sur leur investissement. La gestion de patrimoine, quant à elle, comprend des services tels que la planification fiscale, la planification successorale, la gestion de la dette et la gestion de trésorerie.

Les banques proposent généralement des services d'investissement et de gestion de patrimoine à leur clientèle fortunée, qui ont besoin d'un accompagnement personnalisé pour gérer leur patrimoine et leurs investissements. Les conseillers en investissement et en gestion de patrimoine des banques aident les clients à comprendre les différents produits financiers disponibles, à évaluer leur profil de risque et à élaborer un plan d'investissement qui correspond à leurs objectifs financiers à long terme.

Il est important de souligner que les services

d'investissement et de gestion de patrimoine ne sont pas réservés exclusivement aux clients fortunés. Les banques proposent également des services d'investissement en ligne et des fonds communs de placement accessibles à tous les types d'investisseurs, quel que soit leur niveau de richesse. Ces produits sont souvent moins coûteux que les services d'investissement traditionnels et sont une option intéressante pour les investisseurs débutants.

La gestion de patrimoine peut également être une option viable pour les investisseurs de tous niveaux. Les banques proposent souvent des services de planification financière, qui peuvent aider les clients à élaborer un plan de gestion de patrimoine adapté à leur situation financière. Les conseillers financiers peuvent aider les clients à comprendre les différents aspects de la planification financière, tels que l'assurance, les impôts et la succession, pour s'assurer que leur patrimoine est géré de manière optimale.

Services de paiement et monnaie électronique

Les services de paiement et la monnaie électronique ont connu une croissance rapide ces dernières années grâce à l'essor de la technologie et à l'évolution des habitudes de consommation. Les banques jouent un rôle crucial dans ces domaines en offrant des services et des produits innovants pour répondre aux besoins de leurs clients.

Les services de paiement électronique ont évolué pour offrir une variété de solutions adaptées aux besoins des entreprises et des particuliers. Les transferts d'argent internationaux, les paiements mobiles et les portefeuilles électroniques sont quelques-uns des services les plus populaires. Les transferts d'argent internationaux ont permis de réduire considérablement les coûts et les délais de transfert, ce qui facilite les échanges commerciaux et les transferts de fonds entre les membres de la famille vivant dans des pays différents. Les paiements mobiles et les portefeuilles électroniques offrent également une commodité accrue pour les achats en ligne et les transactions quotidiennes.

La monnaie électronique est une autre innovation importante dans le domaine des services de paiement. Elle est souvent considérée comme une alternative à la monnaie traditionnelle, car elle est stockée électroniquement et peut être utilisée pour des achats en ligne ou des transferts de fonds. La monnaie électronique est souvent associée à des cartes prépayées ou à des applications mobiles qui permettent aux utilisateurs de stocker des fonds électroniques et de les utiliser pour effectuer des paiements.

Les banques jouent un rôle important dans le développement de la monnaie électronique en proposant des solutions de paiement et de transfert de fonds. Elles fournissent également des services de sécurité pour garantir la confidentialité et la sécurité des informations financières sensibles. Les banques ont également élargi leur offre de services pour inclure des programmes de fidélité et des remises en argent pour les transactions effectuées avec des cartes de crédit et de débit.

En outre, les banques ont également développé des

partenariats avec des fournisseurs de technologies de paiement pour offrir des solutions innovantes de paiement en ligne et mobiles. Par exemple, certaines banques ont lancé des programmes de paiement mobiles qui permettent aux utilisateurs de payer leurs achats en utilisant leur téléphone portable. D'autres banques ont mis en place des systèmes de paiement en ligne qui permettent aux clients de payer des factures et de transférer des fonds en ligne.

Assurances et produits dérivés

Les assurances et les produits dérivés sont des instruments financiers qui ont connu une croissance exponentielle au cours des dernières décennies. Les assurances permettent de transférer le risque d'un événement imprévu (par exemple un accident, un incendie ou une maladie) d'une personne ou d'une entreprise à une compagnie d'assurance moyennant une prime. Les produits dérivés, quant à eux, sont des contrats financiers qui tirent leur valeur d'un actif sous-jacent (par exemple une action, une matière première ou une devise).

Les assurances sont utilisées pour couvrir les risques liés aux activités économiques, sociales et environnementales. Les assurances vie, par exemple, permettent de protéger sa famille en cas de décès ou d'invalidité. Les assurances automobiles, quant à elles, permettent de couvrir les coûts de réparation et de remplacement des véhicules en cas d'accident. Les assurances habitation protègent contre les dommages causés à la maison et à ses biens.

Les produits dérivés, en revanche, sont utilisés pour couvrir les risques financiers et spéculatifs. Les contrats à terme, par exemple, permettent de fixer un prix pour un actif sous-jacent à une date future. Les options, quant à elles, donnent le droit (mais pas l'obligation) d'acheter ou de vendre un actif sous-jacent à un prix déterminé à une date précise.

Les produits dérivés peuvent également être utilisés pour spéculer sur les mouvements des marchés financiers. Les hedge funds, par exemple, utilisent souvent des produits dérivés pour générer des rendements élevés en prenant des positions longues ou courtes sur les marchés financiers.

Les assurances et les produits dérivés ont des avantages et des inconvénients. Les assurances permettent de transférer les risques et de protéger les parties prenantes contre les pertes financières. Cependant, les primes peuvent être coûteuses, surtout si le risque est élevé. Les produits dérivés peuvent aider à gérer les risques financiers et à générer des rendements élevés, mais ils peuvent également être très risqués et causer des pertes importantes.

Régulation et supervision bancaire

Les organismes de régulation nationaux et internationaux

Les organismes de régulation nationaux et internationaux jouent un rôle clé dans la surveillance et la réglementation du secteur bancaire. Ces organismes sont chargés de maintenir la stabilité financière, de protéger les consommateurs et de prévenir les risques systémiques.

Au niveau international, les principaux organismes de régulation sont la Banque des règlements internationaux (BRI), le Comité de Bâle sur le contrôle bancaire, le Fonds monétaire international (FMI) et l'Organisation de coopération et de développement économiques (OCDE). Ces organismes ont élaboré des normes et des réglementations pour garantir la stabilité financière, réduire les risques et renforcer la transparence dans le secteur bancaire.

Le Comité de Bâle sur le contrôle bancaire a notamment élaboré trois accords de réglementation bancaire, connus sous le nom de Bâle I, Bâle II et Bâle III. Ces accords ont établi des normes internationales pour la solvabilité, la liquidité et la gestion des risques des banques.

Au niveau national, chaque pays dispose de son propre organisme de régulation. En France, il s'agit de l'Autorité de contrôle prudentiel et de résolution (ACPR) qui est chargée de superviser les banques et les assurances. Aux États-Unis, c'est la Réserve fédérale qui a pour mission de réglementer le secteur bancaire et financier.

Les organismes de régulation nationaux et internationaux ont également mis en place des mécanismes de surveillance et de résolution des crises bancaires. Les mécanismes de garantie des dépôts permettent aux déposants de récupérer leur argent en cas de faillite d'une banque. Les mécanismes de résolution des crises bancaires visent à prévenir la propagation des risques systémiques et à maintenir la stabilité financière.

Les régulations prudentielles (Bâle I, II, III)

Les régulations prudentielles sont des normes qui visent à limiter les risques encourus par les banques et à assurer la stabilité financière. Les régulations prudentielles ont été développées à la suite de la crise financière de 2008, qui a révélé les faiblesses du système bancaire. Les régulations prudentielles les plus importantes sont les accords de Bâle I, II et III.

Bâle I, publié en 1988, établit les exigences de fonds propres que les banques doivent détenir pour couvrir les risques de crédit. Cette réglementation a été mise en place pour garantir que les banques disposent d'une base solide de capitaux pour faire face à des pertes imprévues. Bâle I a été modifié en 1996 pour inclure des exigences de fonds propres pour les risques de marché et les risques opérationnels.

Bâle II, publié en 2004, est une amélioration de Bâle I. Il introduit une nouvelle méthode de calcul des exigences de fonds propres pour les risques de crédit, qui prend en compte la qualité du crédit, la durée et le risque de contrepartie. Bâle II encourage également les banques à développer leur propre système de notation des risques de crédit.

Bâle III, publié en 2010, est une réponse à la crise financière de 2008. Il renforce les exigences de fonds propres pour les banques et introduit de nouvelles normes de liquidité et de levier. Bâle III oblige également les banques à tenir compte du risque de contrepartie et du risque de liquidité dans leur gestion des fonds propres.

Les régulations prudentielles ont pour objectif d'assurer la stabilité financière et de limiter les risques encourus par les banques. Elles encouragent les banques à maintenir une base solide de capitaux pour couvrir les risques imprévus, à mettre en place des systèmes de gestion des risques solides et à respecter les normes de liquidité et de levier.

Cependant, ces régulations ne sont pas infaillibles. Elles peuvent parfois être contournées ou mal appliquées. Par exemple, les banques peuvent se livrer à des pratiques risquées en utilisant des produits financiers complexes ou en cherchant à contourner les exigences de fonds propres. Il est donc important que les régulateurs restent vigilants et mettent en place des mécanismes de contrôle et de supervision efficaces pour garantir que les banques respectent les régulations prudentielles.

La lutte contre le blanchiment d'argent et le financement du terrorisme

La lutte contre le blanchiment d'argent et le financement du terrorisme sont des préoccupations majeures pour les banques du monde entier. Ces activités illégales peuvent avoir des conséquences graves pour la sécurité et la stabilité financière, ainsi que pour l'économie dans son ensemble.

Le blanchiment d'argent consiste à transformer des fonds illégalement acquis en argent propre en les faisant passer par un processus complexe de transactions financières. Les criminels cherchent à dissimuler l'origine et la destination des fonds afin d'éviter d'être repérés par les autorités. Le financement du terrorisme, quant à lui, est l'utilisation de fonds pour soutenir des activités terroristes, telles que l'achat d'armes ou la planification d'attaques.

Les banques sont en première ligne de la lutte contre ces activités illicites, car elles sont souvent utilisées pour effectuer des transactions financières. Les banques ont donc la responsabilité de mettre en place des systèmes de surveillance pour détecter et signaler les transactions suspectes. Les autorités peuvent alors enquêter sur ces transactions et prendre les mesures nécessaires pour empêcher le blanchiment d'argent et le financement du terrorisme.

Pour se conformer aux règlementations, les banques ont mis en place des programmes de lutte contre le blanchiment d'argent et le financement du terrorisme. Ces programmes comprennent des politiques et des procédures pour identifier les clients, évaluer les risques, surveiller les transactions et signaler les activités suspectes. Les banques doivent également effectuer des vérifications régulières pour s'assurer que les clients respectent les règles et réglementations.

Les autorités de régulation nationales et internationales travaillent également avec les banques pour renforcer la lutte contre le blanchiment d'argent et le financement du terrorisme. Des normes de transparence et de gouvernance ont été mises en place pour aider les banques à détecter les transactions suspectes et à les signaler. Les banques doivent également mettre en place des systèmes de garantie des dépôts et de résolution des crises pour protéger les fonds des clients en cas de faillite ou de crise.

Cependant, malgré tous ces efforts, la lutte contre le blanchiment d'argent et le financement du terrorisme reste un défi pour les banques. Les criminels cherchent constamment de nouvelles façons de contourner les règles et réglementations, rendant difficile la détection des activités illicites. Les banques doivent donc rester vigilantes et s'adapter en permanence pour assurer la sécurité financière de leurs clients et de l'économie dans son ensemble.

Les normes de transparence et de gouvernance

Les normes de transparence et de gouvernance sont essentielles pour garantir l'intégrité et la confiance du public dans le secteur bancaire. Dans cette section, nous allons explorer les différentes normes et réglementations qui visent à assurer la transparence et la bonne gouvernance des banques.

Tout d'abord, la transparence est la clé de voûte de toute bonne gouvernance. Les banques doivent être transparentes sur leur structure, leur fonctionnement, leurs pratiques commerciales et leur gestion des risques. Cela permet aux parties prenantes, notamment les clients, les actionnaires, les régulateurs et le grand public, de comprendre comment la banque fonctionne et comment elle gère ses risques.

Pour assurer cette transparence, de nombreuses réglementations ont été mises en place. Par exemple, la directive européenne MiFID II (Markets in Financial Instruments Directive) impose aux banques de divulguer des informations détaillées sur les produits financiers qu'elles proposent, ainsi que sur leur coût et leur performance. De même, la directive CRD IV (Capital Requirements Directive IV) exige que les banques divulguent des informations détaillées sur leur profil de risque, leur capitalisation et leur exposition aux risques.

En ce qui concerne la gouvernance, les banques sont tenues de respecter certaines normes afin d'assurer une gestion saine et efficace. Tout d'abord, les banques doivent avoir une structure de gouvernance clairement définie, avec des organes de décision distincts, tels que le conseil d'administration et le comité de direction. Les membres de ces organes doivent être indépendants et compétents, avec une expérience pertinente dans le domaine bancaire.

De plus, les banques doivent mettre en place des politiques

efficaces pour gérer les risques, y compris la gestion des conflits d'intérêts, la surveillance de la conformité réglementaire et la gestion des risques opérationnels, tels que les risques liés à la cybersécurité.

Enfin, les banques doivent être responsables devant leurs parties prenantes, en particulier leurs clients et leurs actionnaires. Pour ce faire, elles doivent établir des politiques claires en matière de divulgation d'informations, de gestion des plaintes et de traitement équitable des clients. Elles doivent également être transparentes quant à leur performance financière, leurs politiques de rémunération et leurs pratiques commerciales.

Systèmes de garantie des dépôts et de résolution des crises

Les systèmes de garantie des dépôts et de résolution des crises sont des mécanismes de protection mis en place par les gouvernements et les autorités de réglementation pour garantir la sécurité des fonds déposés par les clients dans les banques. Ces systèmes ont été développés en réponse aux crises bancaires et financières, qui ont mis en évidence la nécessité de protéger les clients des pertes financières dues à la faillite des banques.

Le système de garantie des dépôts est un mécanisme qui assure la sécurité des dépôts des clients en cas de faillite d'une banque. Il permet aux clients de récupérer leurs fonds jusqu'à un certain montant, généralement fixé par la loi. Ce montant varie d'un pays à l'autre, mais il est souvent de l'ordre de plusieurs milliers d'euros. Le système de garantie des dépôts est financé par les contributions des banques, qui sont calculées en fonction de leur risque.

La résolution des crises est un processus qui permet de résoudre les problèmes des banques en difficulté tout en minimisant les pertes pour les clients, les investisseurs et les contribuables. La résolution des crises peut prendre plusieurs formes, notamment la vente de la banque en difficulté à un tiers, la recapitalisation de la banque par le gouvernement ou la fusion avec une autre banque. La résolution des crises peut être coûteuse pour les contribuables, c'est pourquoi elle est souvent assortie de conditions strictes, telles que des restrictions sur les salaires des dirigeants et des mesures visant à protéger les intérêts des clients.

Les systèmes de garantie des dépôts et de résolution des crises sont essentiels pour maintenir la confiance dans le système bancaire et financier. Ils permettent aux clients de se sentir en sécurité en déposant leur argent dans une banque, sachant que leur argent sera remboursé en cas de faillite. Ils permettent également de réduire le risque de panique bancaire, qui peut se propager rapidement et provoquer des pertes importantes pour les clients et les investisseurs.

Cependant, il convient de noter que ces systèmes ont leurs limites. Par exemple, les systèmes de garantie des dépôts ne garantissent que les dépôts jusqu'à un certain montant, ce qui signifie que les clients qui ont déposé des montants supérieurs peuvent subir des pertes en cas de faillite de la banque. De plus, la résolution des crises peut être difficile à mettre en œuvre dans certains cas, notamment lorsque les banques sont trop grandes pour faire faillite sans provoquer une crise systémique.

Typologie des risques bancaires

Risque de crédit

Le risque de crédit est l'un des risques majeurs auxquels les banques sont exposées. Il se réfère à la possibilité qu'un emprunteur ne rembourse pas son prêt conformément aux modalités convenues, entraînant ainsi une perte pour la banque. Ce risque est souvent présent dans le portefeuille de prêts d'une banque et peut provenir de différents types de clients, tels que les entreprises, les particuliers, les gouvernements et les organismes sans but lucratif.

Le risque de crédit peut être classé en deux catégories principales : le risque de défaut et le risque de dégradation du crédit. Le risque de défaut se réfère à la probabilité que l'emprunteur ne rembourse pas le prêt, tandis que le risque de dégradation du crédit se réfère à la probabilité que l'emprunteur rembourse le prêt mais avec un retard ou une réduction du montant du paiement.

Pour gérer le risque de crédit, les banques mettent en place des procédures de souscription de crédit rigoureuses pour s'assurer que les emprunteurs sont en mesure de rembourser leur prêt. Ces procédures comprennent une analyse de la solvabilité de l'emprunteur, une évaluation des garanties fournies pour le prêt et une évaluation du risque économique et sectoriel associé à l'emprunteur. Les banques peuvent également diversifier leur portefeuille de prêts pour réduire leur exposition à un secteur ou à un type d'emprunteur spécifique.

En cas de défaut de remboursement, les banques ont généralement des mécanismes en place pour récupérer leur argent, tels que la saisie de garanties ou la restructuration de la dette. Dans les cas extrêmes, les banques peuvent être amenées à inscrire des pertes sur leur bilan.

Il est important de noter que le risque de crédit est étroitement lié au risque économique. En période de ralentissement économique, le risque de défaut de remboursement des emprunteurs augmente, ce qui peut entraîner des pertes pour les banques.

Risque de marché

La notion de risque de marché est un élément crucial dans l'activité bancaire. En effet, ce type de risque concerne les pertes potentielles liées aux fluctuations des marchés financiers tels que les marchés boursiers, les marchés des devises, les marchés des matières premières, les taux d'intérêt et les indices. Les banques sont donc exposées à ce risque lorsque leur portefeuille comprend des actifs financiers soumis à ces variations de marché.

Le risque de marché peut être évalué à travers différentes méthodes telles que la Value-at-Risk (VaR) qui permet de quantifier la perte maximale probable d'un portefeuille à un certain niveau de confiance. Ainsi, les banques utilisent des modèles mathématiques sophistiqués pour estimer leur risque de marché et mettre en place des stratégies de gestion adaptées.

Les produits financiers dérivés sont souvent utilisés pour couvrir le risque de marché. Ces instruments financiers permettent de transférer le risque de marché à un tiers. Par exemple, une banque peut acheter un contrat à terme sur une matière première pour se protéger contre une hausse de son prix. En revanche, l'utilisation de ces produits dérivés peut également amplifier le risque de marché.

Les banques doivent également être conscientes des risques liés aux produits structurés complexes qui peuvent être opaques et difficiles à évaluer. En effet, ces produits peuvent comporter des risques cachés tels que des clauses de remboursement anticipé ou des options de rachat qui peuvent entraîner des pertes importantes pour les investisseurs.

Enfin, les banques doivent également être sensibles aux risques de marché systémiques. Ces risques concernent l'ensemble du système financier et peuvent être déclenchés par des événements imprévisibles tels que les crises économiques et financières. Les banques doivent donc être en mesure de gérer ces risques systémiques en adoptant des mesures de prévention et de gestion des crises.

Risque opérationnel

Le risque opérationnel est l'un des risques majeurs auxquels les banques sont confrontées. Il se définit comme la possibilité de pertes découlant de processus internes inappropriés, d'erreurs humaines, de défaillances des systèmes d'information, de fraudes, de litiges juridiques, de catastrophes naturelles et autres événements imprévus. Contrairement aux autres types de risques tels que le risque de crédit et le risque de marché, le risque opérationnel ne peut pas être évalué ou mesuré avec précision, ce qui le rend difficile à gérer.

Pour mieux comprendre l'importance du risque opérationnel dans les banques, il est essentiel de se rappeler que les banques sont des institutions complexes qui traitent des quantités massives de données et effectuent des opérations très diverses. Les défaillances peuvent survenir à n'importe quel moment, et la capacité de la banque à y faire face dépend de sa résilience et de sa capacité à répondre rapidement et efficacement aux événements.

Afin de gérer le risque opérationnel, les banques ont mis en place des systèmes et des processus de contrôle interne. Cela comprend l'identification des risques, l'évaluation des contrôles internes et la mise en place de mesures de gestion des risques. Les banques doivent également investir dans des systèmes d'information robustes et résilients, ainsi que dans la formation et le développement des compétences des employés.

Cependant, malgré toutes les mesures prises, les risques opérationnels ne peuvent jamais être complètement éliminés. C'est pourquoi les banques doivent également disposer de plans de continuité d'activité pour assurer la continuité des services en cas de crise. Ces plans doivent être régulièrement testés et mis à jour pour s'assurer qu'ils sont efficaces.

Risque de liquidité

Le risque de liquidité est l'un des risques les plus importants auxquels les banques sont confrontées. Il s'agit de la capacité de la banque à répondre à ses obligations de paiement lorsqu'elles arrivent à échéance. En d'autres termes, c'est la capacité de la banque à convertir ses actifs en liquidités rapidement et à moindre coût pour honorer les retraits de ses clients ou rembourser ses dettes.

Les banques sont confrontées à ce risque car elles collectent des dépôts à vue et à terme et prêtent de l'argent à leurs clients sur des périodes plus longues. Cette asymétrie de maturité crée un risque de liquidité car la banque peut ne pas avoir suffisamment de liquidités pour répondre à ses obligations de paiement.

Les banques gèrent ce risque en ayant une gestion prudente de leurs actifs et passifs et en conservant des réserves de liquidités suffisantes. Les réserves de liquidités peuvent prendre la forme de dépôts à vue auprès de la banque centrale, de titres négociables ou de liquidités en espèces.

Cependant, la gestion du risque de liquidité est devenue plus complexe avec l'évolution des marchés financiers et la globalisation des activités bancaires. Les banques peuvent rencontrer des difficultés pour se refinancer sur les marchés interbancaires ou les marchés de capitaux en cas de stress financier. De plus, la crise financière de 2008 a souligné l'importance de la gestion de la liquidité et a conduit à la mise en place de réglementations plus strictes pour assurer la stabilité financière.

La réglementation exige désormais que les banques conservent des coussins de liquidités suffisants pour faire face aux chocs de liquidité. En outre, les régulateurs effectuent des tests de stress pour évaluer la capacité des banques à faire face à des scénarios de stress financier.

Enfin, la gestion du risque de liquidité est essentielle pour la confiance des clients et la stabilité financière. Les banques doivent être en mesure de répondre aux besoins de liquidités de leurs clients en tout temps pour éviter une crise de liquidité. La gestion prudente de la liquidité est donc essentielle pour assurer la solidité du système bancaire et éviter les crises financières.

Risque de taux d'intérêt

Le risque de taux d'intérêt est un risque majeur auquel les banques sont confrontées dans leur activité quotidienne. Ce risque est lié aux fluctuations des taux d'intérêt sur les marchés financiers, qui peuvent avoir des impacts significatifs sur les profits et les pertes des banques.

Concrètement, le risque de taux d'intérêt se manifeste lorsque les taux d'intérêt augmentent ou diminuent de manière significative, et que les actifs et les passifs des banques ne sont pas affectés de la même manière. Les actifs et les passifs des banques sont généralement libellés à des taux d'intérêt différents, ce qui crée des déséquilibres lorsque les taux d'intérêt fluctuent.

Par exemple, si une banque a des actifs à taux fixe à

long terme et des passifs à taux variable à court terme, une augmentation des taux d'intérêt peut entraîner une augmentation des charges d'intérêts pour la banque, tandis que les revenus d'intérêts provenant des actifs restent fixes. Cela peut entraîner une baisse des bénéfices pour la banque.

Pour gérer le risque de taux d'intérêt, les banques peuvent utiliser plusieurs techniques. Ils peuvent mettre en place des stratégies d'appariement de durée pour aligner les actifs et les passifs en termes de durée et de sensibilité aux taux d'intérêt. Les banques peuvent également utiliser des contrats à terme et des options pour se couvrir contre les fluctuations des taux d'intérêt.

Cependant, ces techniques de gestion des risques ne sont pas sans risque. Les contrats à terme et les options peuvent être coûteux, et les stratégies d'appariement de durée peuvent être difficiles à mettre en œuvre avec précision. Les banques doivent donc être vigilantes dans la gestion de leur risque de taux d'intérêt et surveiller attentivement les fluctuations des taux d'intérêt sur les marchés financiers.

Enfin, il est important de noter que le risque de taux d'intérêt ne concerne pas seulement les banques, mais aussi les emprunteurs et les investisseurs. Les emprunteurs peuvent être affectés par les fluctuations des taux d'intérêt, ce qui peut rendre les remboursements de prêts plus coûteux ou moins abordables. Les investisseurs peuvent également être touchés par les fluctuations des taux d'intérêt, car cela peut avoir des impacts sur la valorisation des investissements en obligations.

Risque de change

Le risque de change est un risque important pour les banques et les entreprises qui opèrent sur les marchés internationaux. Il survient lorsque la valeur d'une monnaie fluctue par rapport à une autre, entraînant des pertes potentielles pour les acteurs économiques qui ont des positions ouvertes dans des devises étrangères.

Pour illustrer ce risque, prenons l'exemple d'une entreprise française qui vend des produits aux États-Unis et reçoit des paiements en dollars américains. Si l'euro se déprécie par rapport au dollar, la valeur des paiements en dollars reçus par l'entreprise diminuera, car elle aura besoin de plus d'euros pour échanger ces dollars contre sa monnaie locale. Cela peut entraîner une perte pour l'entreprise si elle n'a pas couvert son risque de change.

Les banques, quant à elles, sont souvent exposées au risque de change en raison de leurs activités de négoce de devises étrangères. Si elles ont des positions ouvertes dans une devise donnée, une fluctuation défavorable de la valeur de cette devise peut entraîner des pertes importantes.

Pour gérer le risque de change, les banques et les entreprises peuvent utiliser des instruments de couverture tels que les contrats à terme, les options de change ou les swaps de devises. Ces instruments permettent de fixer un taux de change à l'avance pour une transaction future, réduisant ainsi le risque de fluctuation de la valeur de la devise.

Il est important de noter que le risque de change peut

également avoir des conséquences sur l'économie d'un pays dans son ensemble. Par exemple, une dépréciation soudaine de la monnaie locale peut entraîner une inflation importée, car les produits importés deviennent plus chers. Cela peut également rendre les exportations plus compétitives, stimulant ainsi la croissance économique.

Techniques de gestion des risques

Diversification et couverture

Diversification et couverture sont deux termes qui reviennent fréquemment dans le monde bancaire, notamment en matière de gestion des risques. En effet, la diversification et la couverture sont deux techniques très importantes qui permettent aux banques de réduire leurs risques et de protéger leur rentabilité.

La diversification consiste à répartir les risques sur différents types d'actifs, de secteurs ou de régions géographiques. En d'autres termes, il s'agit de ne pas mettre tous ses œufs dans le même panier. En diversifiant leurs portefeuilles, les banques réduisent le risque de pertes importantes en cas de défaillance d'un seul emprunteur ou d'un seul secteur économique. Par exemple, une banque qui ne prête qu'à un seul secteur, comme l'immobilier, peut être très vulnérable en cas de chute des prix de l'immobilier. En revanche, une banque qui prête à plusieurs secteurs, comme l'agriculture, l'industrie et les services, sera moins exposée à un risque sectoriel.

La couverture, quant à elle, consiste à se protéger contre les risques en prenant des positions opposées à celles qui sont considérées comme risquées. Par exemple, une banque qui prête à taux variable peut se couvrir contre le risque de hausse des taux d'intérêt en contractant des produits financiers qui la protègent contre cette hausse. De même, une banque qui prête en devises étrangères peut se couvrir contre le risque de change en achetant des produits financiers qui lui permettent de se protéger contre une baisse de la valeur de cette devise.

La diversification et la couverture sont des techniques très utiles pour réduire les risques, mais elles ne sont pas infaillibles. Il est donc important pour les banques de mettre en place des systèmes de gestion des risques performants pour surveiller et évaluer constamment les risques pris par la banque.

En résumé, la diversification et la couverture sont deux techniques essentielles de la gestion des risques pour les banques. En utilisant ces techniques, les banques peuvent réduire leur exposition à des risques spécifiques et protéger leur rentabilité. Toutefois, il est important que les banques soient conscientes des limites de ces techniques et qu'elles mettent en place des systèmes de gestion des risques efficaces pour surveiller et évaluer constamment les risques pris par la banque.

Titrisation

La titrisation est un processus financier qui permet aux banques de transférer une partie de leurs créances (prêts et autres actifs financiers) en les regroupant en un portefeuille, qu'elles vendent ensuite sous forme de titres à des investisseurs. Les flux générés par ces titres (remboursement des emprunts, intérêts et autres revenus) sont alors répartis entre les investisseurs, qui deviennent les propriétaires des titres.

La titrisation offre de nombreux avantages pour les banques, notamment la réduction de leurs risques financiers, la libération de capitaux pour de nouveaux prêts, ainsi que la possibilité de se diversifier dans de nouveaux marchés et produits financiers. Pour les investisseurs, cela offre la possibilité d'investir dans un portefeuille diversifié de prêts et d'obtenir des rendements intéressants.

Cependant, la titrisation peut également présenter des risques, notamment en cas de défaut de paiement des emprunteurs, qui peut entraîner une baisse de la valeur des titres et des pertes pour les investisseurs. En outre, la complexité des produits de titrisation peut rendre difficile l'évaluation de leur risque réel.

En effet, l'essor des produits de titrisation complexe, tels que les CDO (collateralized debt obligations), a été l'un des facteurs qui ont contribué à la crise financière de 2008. Ces produits ont été créés en regroupant des prêts hypothécaires subprime, c'est-à-dire des prêts accordés à des emprunteurs à risque de crédit élevé. Les défauts de paiement massifs sur ces prêts ont entraîné une baisse de la valeur des CDO, ainsi que des pertes importantes pour les investisseurs qui les détenaient.

Ainsi, il est important que les banques et les régulateurs prennent en compte les risques associés à la titrisation et veillent à mettre en place des mesures de régulation et de supervision efficaces pour éviter les dérives financières. Par exemple, la réglementation Bâle III introduit des exigences de fonds propres plus élevées pour les banques qui se livrent à des activités de titrisation, afin de réduire leur risque de défaut de paiement et d'augmenter leur résilience financière.

Utilisation des produits dérivés

L'utilisation des produits dérivés est une pratique courante dans le monde de la finance et des banques. Ces instruments financiers sont utilisés pour gérer les risques de marché, de crédit, de liquidité et de taux d'intérêt. Les produits dérivés tirent leur valeur d'un actif sous-jacent, tel que des actions, des obligations, des devises, des matières premières ou des indices de marché.

Il existe plusieurs types de produits dérivés, tels que les contrats à terme, les options, les swaps et les contrats d'échange de risques (CERS). Les contrats à terme permettent d'acheter ou de vendre un actif à un prix fixé à l'avance, à une date future spécifique. Les options donnent le droit, mais pas l'obligation, d'acheter ou de vendre un actif à un prix déterminé, à une date fixée à l'avance. Les swaps sont des contrats d'échange de flux financiers entre deux parties, tandis que les CERS sont des contrats d'échange de risques entre une banque et un client.

L'utilisation des produits dérivés peut être très risquée, car leur valeur dépend de la performance de l'actif sous-jacent. Les pertes peuvent être considérables si l'actif sous-jacent évolue défavorablement. C'est pourquoi les banques doivent gérer ces risques de manière rigoureuse et prudente, en utilisant des techniques de gestion des risques telles que la diversification, la couverture, la titrisation et la modélisation.

La titrisation est une technique de gestion des risques qui consiste à transformer des actifs illiquides en titres négociables sur les marchés financiers. Cette technique permet aux banques de libérer du capital en vendant les titres à des investisseurs. La modélisation est une technique de gestion des risques qui consiste à simuler les scénarios de marché possibles pour mesurer les pertes potentielles.

Les produits dérivés peuvent également être utilisés pour spéculer sur les marchés financiers. Cela peut être très rentable, mais cela peut aussi être très risqué. Les spéculateurs prennent des positions sur les produits dérivés en pariant sur la performance future des actifs sous-jacents. Les pertes peuvent être considérables si le pari s'avère erroné.

Modélisation et stress tests

La modélisation et les stress tests sont deux outils importants pour la gestion des risques dans le secteur bancaire. La modélisation consiste à utiliser des méthodes mathématiques et statistiques pour prévoir les résultats financiers futurs de la banque en fonction de différents scénarios économiques. Les stress tests sont des simulations qui permettent d'évaluer la résilience d'une banque face à des chocs économiques extrêmes.

La modélisation permet aux banques de mieux comprendre les risques auxquels elles sont exposées et d'anticiper les fluctuations du marché. Elle peut également aider les banques à identifier les opportunités d'investissement et à optimiser leur portefeuille d'actifs.

Cependant, la modélisation présente également des limites et des risques. Elle repose sur des hypothèses et des modèles qui peuvent être imparfaits ou inappropriés dans certaines situations. Elle peut également conduire à une prise de risque excessive si les banques se basent trop sur les résultats de leurs modèles sans tenir compte d'autres facteurs.

C'est là que les stress tests entrent en jeu. Ils permettent de tester la résilience de la banque face à des scénarios économiques extrêmes, tels qu'une crise financière ou une récession prolongée. Les stress tests peuvent également aider les régulateurs à évaluer la solidité financière des banques et à s'assurer qu'elles disposent de suffisamment de fonds propres pour faire face à des pertes potentielles.

Les stress tests sont donc un outil important pour garantir la stabilité financière et la résilience du secteur bancaire. Cependant, ils ne peuvent pas prédire tous les risques possibles et ne garantissent pas à eux seuls la sécurité financière d'une banque. Il est donc important que les banques adoptent une approche globale et intégrée de la gestion des risques, en utilisant une combinaison de modélisation, de stress tests et d'autres méthodes d'évaluation des risques.

La banque et la politique monétaire

Rôle des banques centrales

Les banques centrales sont des institutions financières importantes qui jouent un rôle crucial dans l'économie mondiale. Elles ont pour principale mission de réguler la politique monétaire et de maintenir la stabilité financière.

Les banques centrales ont plusieurs fonctions importantes. Tout d'abord, elles sont chargées de créer et de réguler la quantité de monnaie en circulation dans l'économie. Elles sont également responsables de la gestion des réserves de change du pays. Elles peuvent ainsi intervenir sur les marchés des changes pour maintenir la stabilité du taux de change.

En outre, les banques centrales ont un rôle important à jouer dans le maintien de la stabilité financière. Elles sont chargées de surveiller le système financier et de prendre des mesures pour prévenir les crises financières. En cas de crise, les banques centrales peuvent également fournir des liquidités d'urgence aux banques pour éviter une contagion à l'ensemble du système financier.

Les banques centrales ont également pour mission de maintenir la stabilité des prix. Pour cela, elles utilisent des instruments de politique monétaire tels que les taux d'intérêt et les opérations sur le marché ouvert pour réguler l'offre de monnaie dans l'économie. Une inflation élevée peut avoir des conséquences néfastes sur l'économie, notamment en réduisant le pouvoir d'achat de la population et en augmentant les coûts de production des entreprises.

Les banques centrales sont également responsables de la surveillance et de la régulation des banques commerciales. Elles sont chargées de veiller à ce que les banques respectent les normes de solvabilité et de liquidité pour assurer leur stabilité financière. Elles peuvent également prendre des mesures pour prévenir les risques systémiques tels que le risque de contagion entre les banques.

Enfin, les banques centrales jouent un rôle important dans les relations internationales. Elles sont souvent impliquées dans les négociations sur les taux de change et les politiques économiques internationales. Les banques centrales travaillent également en étroite collaboration avec d'autres banques centrales pour maintenir la stabilité financière au niveau mondial.

Outils de la politique monétaire

La politique monétaire est un outil majeur dont disposent les banques centrales pour atteindre leurs objectifs en matière de stabilité des prix et de croissance économique. Elle consiste en l'utilisation de divers instruments pour influencer la quantité de monnaie en circulation, les taux d'intérêt et les conditions de financement de l'économie.

Les banques centrales peuvent utiliser plusieurs outils

pour mener leur politique monétaire. Le premier et le plus connu est le taux d'intérêt directeur, qui est le taux auquel les banques commerciales peuvent emprunter de l'argent auprès de la banque centrale. En modifiant ce taux, les banques centrales peuvent influencer le coût du crédit et, par conséquent, l'activité économique.

Un autre outil important est l'open market operations (opérations d'open market), qui consiste en l'achat ou la vente de titres de dette publique sur le marché financier. En achetant des titres, la banque centrale injecte de l'argent dans l'économie, tandis qu'en vendant des titres, elle retire de l'argent de l'économie.

Les banques centrales peuvent également utiliser des ratios de réserves obligatoires pour influencer la quantité de liquidités que les banques commerciales doivent conserver en réserve par rapport à leurs dépôts. En augmentant ces ratios, les banques centrales peuvent réduire la quantité de liquidités disponibles pour les prêts et, par conséquent, ralentir l'activité économique.

Enfin, les banques centrales peuvent également utiliser des politiques de communication pour influencer les anticipations des acteurs économiques. Par exemple, en annonçant des objectifs de taux d'intérêt futurs ou en faisant des déclarations sur leur politique future, les banques centrales peuvent influencer les comportements des agents économiques et orienter l'activité économique dans la direction souhaitée.

Il convient de noter que les banques centrales doivent tenir compte de nombreux facteurs lorsqu'elles décident de leur politique monétaire, tels que l'inflation, la croissance économique, le taux de chômage et les conditions du marché financier. Par conséquent, leur politique monétaire peut être complexe et difficile à comprendre pour les non-spécialistes.

Impact de la politique monétaire sur les banques

L'impact de la politique monétaire sur les banques est un sujet crucial pour comprendre le fonctionnement du système bancaire dans son ensemble. En effet, les banques sont fortement influencées par les décisions des banques centrales en matière de politique monétaire. Dans cette section, nous allons examiner comment la politique monétaire affecte les banques et comment elles peuvent y répondre.

La politique monétaire est l'un des principaux outils dont disposent les banques centrales pour réguler l'économie. Elle consiste en des actions pour ajuster le taux d'intérêt et la quantité de monnaie en circulation afin de maintenir la stabilité économique. Les banques centrales peuvent augmenter ou diminuer les taux d'intérêt en fonction de l'état de l'économie, ce qui peut avoir un impact significatif sur les banques.

Lorsque les taux d'intérêt augmentent, cela rend l'emprunt plus coûteux pour les banques. Cela peut réduire leur capacité à prêter de l'argent, ce qui peut entraîner une baisse de leur chiffre d'affaires et de leurs bénéfices. En outre, une augmentation des taux d'intérêt peut rendre les prêts existants plus difficiles à rembourser pour les emprunteurs, ce qui peut entraîner une augmentation des défauts de paiement. En conséquence, les banques peuvent être confrontées à une hausse des pertes liées aux prêts, ce qui peut affecter leur santé financière.

Inversement, lorsque les taux d'intérêt diminuent, cela peut stimuler l'emprunt et la croissance économique. Cela peut également augmenter les bénéfices des banques, car elles peuvent prêter de l'argent à des taux plus bas et obtenir des rendements plus élevés sur les investissements en obligations. Toutefois, une baisse des taux d'intérêt peut également entraîner une augmentation des risques pour les banques, car elles peuvent être tentées de prêter à des emprunteurs à haut risque pour générer des rendements plus élevés.

Les banques peuvent répondre à l'impact de la politique monétaire de plusieurs façons. Elles peuvent ajuster leurs taux de prêt pour refléter les changements des taux d'intérêt de la banque centrale. Elles peuvent également modifier leur portefeuille de prêts pour réduire les risques liés aux fluctuations des taux d'intérêt. En outre, elles peuvent se tourner vers d'autres sources de financement, telles que les marchés de capitaux, pour obtenir des fonds à des taux d'intérêt concurrentiels.

Enfin, les banques peuvent se tourner vers les produits dérivés pour se protéger contre les fluctuations des taux d'intérêt. Les produits dérivés sont des instruments financiers qui permettent aux banques de transférer les risques liés aux fluctuations des taux d'intérêt à d'autres parties. Cela peut aider à réduire l'exposition des banques aux risques de taux d'intérêt et à maintenir leur rentabilité.

Relation entre la politique monétaire et la stabilité financière

La politique monétaire et la stabilité financière sont étroitement liées. La politique monétaire est l'ensemble des mesures prises par les banques centrales pour influencer la quantité de monnaie en circulation et les taux d'intérêt dans l'économie. L'objectif principal de la politique monétaire est de maintenir la stabilité des prix, c'est-à-dire un niveau d'inflation faible et stable. Cependant, les actions de la banque centrale peuvent également avoir des impacts significatifs sur la stabilité financière.

La stabilité financière fait référence à la capacité du système financier à résister aux chocs économiques et à prévenir les crises financières. La stabilité financière est essentielle pour assurer le bon fonctionnement de l'économie et éviter les conséquences désastreuses des crises financières, telles que les faillites bancaires, les récessions économiques et le chômage massif.

La politique monétaire peut avoir un impact sur la stabilité financière de différentes manières. Tout d'abord, les décisions de politique monétaire peuvent influencer la volatilité des prix des actifs financiers tels que les actions, les obligations et les devises. Les changements dans les taux d'intérêt peuvent également affecter la solvabilité des entreprises et des ménages, ce qui peut avoir des implications pour la stabilité financière.

De plus, la politique monétaire peut également avoir un impact sur le comportement des acteurs du marché financier, tels que les investisseurs, les banques et les institutions financières. Par exemple, les taux d'intérêt bas peuvent encourager les investisseurs à prendre des risques excessifs en investissant dans des actifs plus risqués pour obtenir un rendement plus élevé. Cela peut entraîner une augmentation de la volatilité du marché financier et accroître le risque de crise financière.

En outre, la politique monétaire peut également avoir des implications pour la réglementation et la supervision du système financier. Les régulateurs doivent surveiller attentivement l'impact des mesures de politique monétaire sur la stabilité financière et prendre des mesures pour atténuer les risques.

Enfin, la coordination entre la politique monétaire et la politique macroprudentielle est essentielle pour maintenir la stabilité financière. La politique macroprudentielle est l'ensemble des mesures prises pour atténuer les risques systémiques dans le système financier. Cela inclut la réglementation et la supervision des banques, la gestion des risques de liquidité et la surveillance de l'évolution des prix des actifs. La coordination entre la politique monétaire et la politique macroprudentielle est essentielle pour assurer la stabilité financière.

Les banques et les marchés financiers

Introduction aux marchés financiers et à leur rôle

Les marchés financiers sont des lieux où s'échangent des titres financiers tels que des actions, des obligations, des produits dérivés et des devises. Ces marchés ont un rôle crucial dans l'économie, car ils permettent aux entreprises, aux gouvernements et aux particuliers de financer leurs projets en obtenant des capitaux auprès des investisseurs. Ils offrent également aux investisseurs un moyen de diversifier leur portefeuille et de réaliser des gains en investissant dans des titres qui ont une valeur potentielle de croissance.

Les marchés financiers ont évolué au fil du temps pour devenir des systèmes complexes qui sont interconnectés à l'économie mondiale. Ils sont composés de différentes institutions financières telles que les bourses, les courtiers, les banques d'investissement et les fonds de pension. Ces institutions facilitent les échanges financiers entre les différents acteurs du marché.

Le rôle principal des marchés financiers est de faciliter la circulation de l'argent et des titres financiers. Ils permettent aux entreprises de lever des fonds en émettant des actions ou des obligations, qui sont ensuite achetées par des investisseurs. Les gouvernements peuvent également lever des fonds en émettant des obligations d'État.

Les marchés financiers sont également un moyen de transférer des risques. Les investisseurs peuvent acheter des produits dérivés pour se couvrir contre des risques de marché tels que des fluctuations des taux d'intérêt ou des fluctuations des prix des matières premières. Les banques d'investissement peuvent également acheter des produits dérivés pour transférer les risques de leurs portefeuilles vers d'autres investisseurs.

Les marchés financiers ont également un rôle important dans la détermination des prix des actifs financiers. Les prix sont déterminés par l'offre et la demande, et sont influencés par de nombreux facteurs tels que les données économiques, les événements politiques, les événements mondiaux et les annonces des entreprises. Les investisseurs peuvent utiliser l'analyse technique et l'analyse fondamentale pour évaluer les actifs et prendre des décisions d'investissement.

Instruments financiers et produits dérivés

Les instruments financiers et produits dérivés sont des outils financiers complexes qui ont révolutionné le monde de la finance ces dernières décennies. Les produits dérivés sont des contrats financiers dont la valeur dépend d'un actif sous-jacent tel que les actions, les devises, les matières premières ou les taux d'intérêt. Les instruments financiers sont des titres de créance négociables tels que les actions, les obligations, les certificats d'investissement, les warrants et les options. Les banques sont des acteurs majeurs sur les marchés de ces instruments financiers et produits dérivés.

Les produits dérivés offrent de nombreux avantages aux investisseurs, tels que la possibilité de se protéger contre les fluctuations des prix, de spéculer sur les variations de valeur des actifs sous-jacents, de diversifier leur portefeuille et de maximiser leurs rendements. Toutefois, ces instruments financiers sont également très risqués, car ils peuvent causer des pertes importantes et même des crises financières.

La crise financière de 2008 a mis en évidence les risques liés à l'utilisation excessive des produits dérivés, notamment les CDS (Credit Default Swaps), qui ont contribué à la faillite de certaines grandes banques. Depuis lors, les régulateurs ont pris des mesures pour limiter les risques liés à ces instruments financiers, notamment en renforçant les exigences en matière de fonds propres et en imposant des limites sur les positions des banques.

Les instruments financiers, quant à eux, ont été largement utilisés par les entreprises pour lever des fonds et pour se financer à moindre coût. Les actions sont des instruments financiers qui représentent une part de propriété dans une entreprise et offrent des droits tels que le droit de vote et le droit à un dividende. Les obligations, en revanche, sont des titres de créance qui représentent une dette à rembourser à l'investisseur. Les banques peuvent émettre ces instruments financiers pour financer leurs activités ou pour les vendre à leurs clients.

Les banques jouent également un rôle important sur les marchés de capitaux, où elles interviennent en tant que courtiers, teneurs de marché et souscripteurs d'émissions d'actions et d'obligations. Les banques peuvent également investir dans des fonds de placement et des sociétés de capital-investissement pour générer des rendements pour leurs clients.

Enfin, l'utilisation des technologies numériques et des innovations telles que la blockchain et les smart contracts sont susceptibles de transformer radicalement les marchés des instruments financiers et des produits dérivés. Les banques doivent donc continuer à suivre de près ces développements technologiques pour rester compétitives et proposer des services innovants à leurs clients.

Interaction entre les banques et les marchés financiers

L'interaction entre les banques et les marchés financiers est étroite et complexe. Les banques ont des liens étroits avec les marchés financiers car elles y jouent des rôles clés en tant qu'intermédiaires financiers, émetteurs de dettes et d'actions, prêteurs et investisseurs. Les marchés financiers, quant à eux, fournissent des liquidités et des sources de financement aux banques.

Les banques interagissent avec les marchés financiers de plusieurs façons. Premièrement, les banques peuvent être actives sur les marchés financiers en achetant et en vendant des actifs financiers tels que des actions, des obligations, des devises et produits dérivés. Deuxièmement, les banques émettent des dettes sur les marchés financiers en vendant des obligations, des titres de créance négociables et d'autres instruments de dette. Troisièmement, les banques peuvent prêter de l'argent à des entreprises ou à des particuliers en utilisant des fonds qu'elles ont levés sur les marchés financiers.

Les marchés financiers peuvent également affecter les banques de plusieurs manières. Les mouvements des prix sur les marchés financiers peuvent avoir des effets importants sur les portefeuilles de titres des banques et sur leurs résultats financiers. Par exemple, des mouvements de taux d'intérêt peuvent affecter la valeur des actifs et des passifs des banques, et donc leur résultat net. Les mouvements de change peuvent également avoir un impact significatif sur les résultats financiers des banques qui opèrent sur des marchés internationaux.

Les banques et les marchés financiers peuvent être interdépendants, mais cela ne signifie pas qu'ils sont toujours en harmonie. Les crises financières peuvent émerger lorsque les banques et les marchés financiers sont confrontés à des chocs externes qui les affectent simultanément. Par exemple, la crise financière mondiale de 2008 a été déclenchée par la faillite de grandes banques d'investissement et a entraîné une crise de liquidité sur les marchés financiers.

Les banques d'investissement et leurs activités

Les banques d'investissement sont des institutions financières qui fournissent des services de conseil en investissement et des services de souscription d'émissions de titres pour les entreprises, les gouvernements et les institutions financières. Ces services sont destinés à aider les clients à lever des capitaux sur les marchés financiers, à gérer les risques financiers et à acquérir ou à vendre des actifs financiers.

Les banques d'investissement se distinguent des banques commerciales par leur focus sur les activités de marché, plutôt que sur les prêts et les dépôts. Elles travaillent souvent avec des clients ayant des besoins financiers plus sophistiqués, tels que les grandes entreprises, les fonds de couverture et les investisseurs institutionnels.

Les activités des banques d'investissement incluent le conseil en investissement, la gestion d'actifs, le trading de titres, la souscription d'émissions de titres et la création de produits financiers structurés. Le conseil en investissement consiste à fournir des recommandations à des clients sur la façon de gérer leur portefeuille et de prendre des décisions d'investissement. La gestion d'actifs implique la gestion de portefeuilles d'investissement pour des clients, tels que des fonds de pension ou des investisseurs institutionnels.

Le trading de titres consiste à acheter et vendre des titres sur les marchés financiers pour générer des profits pour la banque d'investissement. La souscription d'émissions de titres consiste à aider les clients à émettre de nouveaux titres sur les marchés financiers en trouvant des acheteurs pour ces titres. La création de produits financiers structurés implique la conception et la vente de produits financiers complexes, tels que les dérivés de crédit, qui peuvent être utilisés pour se protéger contre les risques financiers.

Les banques d'investissement ont également été impliquées

dans des activités controversées telles que la titrisation de prêts hypothécaires, qui a contribué à la crise financière de 2008. Depuis cette crise, les régulateurs ont imposé des restrictions plus strictes aux activités des banques d'investissement.

Les innovations technologiques et leur impact sur le secteur bancaire

L'essor des fintechs

Depuis quelques années, les fintechs ont pris une place importante dans l'industrie financière. Les fintechs sont des start-ups technologiques qui utilisent la technologie pour offrir des services financiers innovants aux consommateurs. Ces entreprises ont perturbé le marché financier traditionnel en offrant des services plus rapides, plus efficaces et plus accessibles que les banques traditionnelles.

Les fintechs ont créé des applications mobiles conviviales pour permettre aux utilisateurs de gérer leur argent en temps réel, de faire des virements bancaires instantanés, d'investir en bourse, et de gérer leur portefeuille en toute sécurité. Les fintechs ont également développé des technologies de pointe telles que l'intelligence artificielle et la blockchain pour offrir des services de prêts, d'assurance et de paiement plus rapides et plus accessibles.

Ces innovations ont non seulement changé la manière dont les services financiers sont offerts, mais ont également créé une concurrence pour les banques traditionnelles. Les fintechs ont réussi à attirer des clients grâce à leur offre de services plus innovants et personnalisés, ainsi que des frais souvent plus bas que ceux des banques traditionnelles. Les consommateurs peuvent désormais accéder à des services financiers sans avoir besoin de se rendre dans une agence bancaire physique.

Cependant, les fintechs ne sont pas sans risques. Les consommateurs doivent être conscients des risques liés à l'utilisation de ces services, tels que la sécurité des données, la fraude et le risque de perte d'argent. Les régulateurs financiers ont également pris des mesures pour superviser les activités des fintechs afin de protéger les consommateurs et de garantir la stabilité financière.

Malgré les risques, les fintechs continuent de gagner en popularité et sont devenues un moteur de l'innovation dans l'industrie financière. Les banques traditionnelles sont maintenant obligées d'innover pour rester compétitives et répondre aux besoins de leurs clients. Les fintechs ont également créé de nouveaux modèles économiques, qui ont donné naissance à des partenariats entre les banques traditionnelles et les fintechs, pour offrir des services financiers plus innovants et plus efficaces.

La digitalisation des services bancaires

La digitalisation des services bancaires est l'un des principaux changements que connaît actuellement l'industrie bancaire. Les avancées technologiques ont permis l'apparition de nouvelles solutions de paiement, de nouvelles offres de services financiers, de nouveaux canaux de communication et de nouveaux moyens de gestion de patrimoine. Cette digitalisation s'est étendue à toutes les activités bancaires, depuis l'ouverture de compte jusqu'à la gestion des risques.

La digitalisation des services bancaires a rendu l'accès aux services financiers plus facile, plus rapide et plus sûr pour les clients. Les banques traditionnelles ont commencé à proposer des applications mobiles pour faciliter la gestion de compte, les paiements en ligne et la consultation de l'historique des transactions. Ces applications ont permis de simplifier les processus de souscription et de proposer des offres de services plus adaptées aux besoins des clients.

Les fintechs ont également émergé comme une alternative aux banques traditionnelles, proposant des services bancaires exclusivement en ligne. Ces néobanques ont réussi à attirer de nombreux clients grâce à des offres compétitives et des services innovants. Les néobanques proposent des services personnalisés, des offres de crédit plus attractives et des fonctionnalités de gestion de budget très avancées.

La digitalisation des services bancaires a également permis l'émergence de nouvelles solutions de paiement, comme le paiement mobile et la monnaie électronique. Ces nouvelles solutions ont simplifié les processus de paiement, réduit les coûts de transaction et augmenté la sécurité des transactions. Les solutions de paiement mobile sont devenues populaires auprès des consommateurs, qui apprécient leur simplicité et leur praticité.

La digitalisation des services bancaires a également amélioré la gestion des risques. Les banques utilisent désormais des outils sophistiqués pour évaluer les risques de crédit et de marché, et pour surveiller les activités suspectes. Les banques ont également investi dans la cybersécurité pour protéger les données personnelles de leurs clients et éviter les fraudes.

Enfin, la digitalisation des services bancaires a permis d'élargir l'accès aux services financiers, en particulier dans les pays en développement. Les fintechs ont lancé des initiatives de microfinance pour soutenir les petites entreprises et les populations exclues du système bancaire traditionnel. Les banques en ligne et les néobanques ont également permis de réduire les coûts de transaction et d'offrir des services financiers accessibles à tous.

Les cryptomonnaies et la blockchain

Les cryptomonnaies et la blockchain sont des sujets de plus en plus présents dans le monde des finances et de la banque. Les cryptomonnaies sont des devises numériques qui sont généralement décentralisées et ne sont pas régulées par une banque centrale ou une entité gouvernementale. La blockchain, quant à elle, est une technologie de stockage et de transmission d'informations qui fonctionne comme un grand livre de compte public et décentralisé.

Bien que ces technologies soient encore relativement nouvelles, elles ont le potentiel de révolutionner le secteur bancaire en offrant une alternative aux méthodes traditionnelles de gestion de l'argent. Les cryptomonnaies peuvent offrir une sécurité et une transparence accrues, ainsi qu'une réduction des coûts pour les transferts d'argent et les transactions transfrontalières. La blockchain peut également offrir une sécurité et une transparence accrues pour les transactions, en réduisant les risques de fraude et de piratage.

Cependant, les cryptomonnaies et la blockchain sont également associées à des risques importants. Les cryptomonnaies sont encore relativement volatiles, avec des fluctuations de prix importantes et imprévisibles. La nature décentralisée des cryptomonnaies signifie également qu'il peut être difficile de récupérer des fonds perdus ou volés. La blockchain est également vulnérable aux attaques informatiques, bien qu'elle soit considérée comme plus sécurisée que les méthodes de stockage de données traditionnelles.

Les banques commencent à intégrer les cryptomonnaies et la blockchain dans leurs offres de services. Certaines banques ont commencé à proposer des comptes pour les investisseurs en cryptomonnaies, ainsi que des options de paiement basées sur la blockchain. Certaines banques utilisent également la technologie blockchain pour la gestion de leurs opérations internes.

L'intelligence artificielle et la robotisation

L'intelligence artificielle (IA) et la robotisation sont deux sujets qui ont pris une place prépondérante dans le secteur bancaire ces dernières années. Les avancées technologiques ont permis aux banques de gagner en efficacité et en rentabilité en automatisant certaines tâches répétitives.

L'IA est une technologie qui permet aux machines d'apprendre et de s'améliorer en fonction des données qu'elles traitent. Dans le secteur bancaire, l'IA est utilisée pour automatiser des tâches telles que la vérification des antécédents des clients, l'évaluation des risques de crédit et la détection de fraudes. Elle peut également être utilisée pour aider les clients à prendre des décisions financières en leur fournissant des conseils personnalisés en fonction de leur profil et de leurs objectifs.

La robotisation, quant à elle, permet d'automatiser des tâches plus physiques telles que la gestion de la trésorerie et la manipulation de documents. Elle permet également d'améliorer la rapidité et l'efficacité des processus bancaires.

Ces avancées technologiques ne sont pas sans conséquences pour les employés des banques. En effet, certaines tâches qui étaient auparavant effectuées par des humains peuvent désormais être effectuées par des machines, ce qui peut entraîner des suppressions d'emplois. Cependant, l'automatisation permet également aux employés de se concentrer sur des tâches plus complexes et à plus forte valeur ajoutée.

L'IA et la robotisation ont également des implications pour les clients des banques. D'une part, elles peuvent permettre aux banques de mieux comprendre les besoins de leurs clients et de leur offrir des produits et services plus adaptés. D'autre part, elles peuvent également entraîner une réduction des coûts, ce qui peut se traduire par des frais bancaires plus bas pour les clients.

Cependant, l'utilisation de l'IA et de la robotisation soulève également des questions éthiques et de sécurité. Les données des clients doivent être protégées et les algorithmes utilisés pour prendre des décisions doivent être transparents et équitables.

Les enjeux de la cybersécurité

La cybersécurité est un enjeu majeur pour les banques modernes, qui doivent protéger les données de leurs clients, les transactions financières, et leurs propres systèmes informatiques. Les banques sont une cible privilégiée pour les hackers et les cybercriminels, qui cherchent à exploiter les failles de sécurité pour s'emparer d'informations confidentielles, voler de l'argent ou perturber les activités bancaires.

Pour faire face à ces menaces, les banques doivent mettre en place des mesures de sécurité efficaces, en utilisant des technologies de pointe pour détecter et prévenir les attaques, ainsi qu'en formant leur personnel à la gestion des risques informatiques. La cybersécurité est une préoccupation constante pour les banques, qui doivent rester vigilantes face à l'évolution des menaces et des technologies.

Les banques doivent également respecter les normes et réglementations en matière de cybersécurité, en se conformant aux directives des organismes de régulation nationaux et internationaux. Elles doivent mettre en place des plans de continuité d'activité pour assurer la disponibilité des services bancaires en cas d'incident de sécurité, et elles doivent être transparentes vis-à-vis de leurs clients sur les mesures de sécurité qu'elles mettent en place pour protéger leurs données.

Les enjeux de la cybersécurité pour les banques sont multiples, allant de la protection de la vie privée des clients à la préservation de la stabilité financière. Les banques doivent être en mesure de détecter et de prévenir les attaques informatiques, tout en assurant la disponibilité des services bancaires et la protection des données des clients. Pour cela, elles doivent investir dans des technologies de pointe et former leur personnel à la gestion des risques informatiques.

En somme, la cybersécurité est un enjeu crucial pour les banques modernes, qui doivent faire face à une menace constante et en constante évolution. Les banques doivent être en mesure de protéger leurs systèmes informatiques, leurs transactions financières, et les données de leurs clients, tout en respectant les normes et réglementations en matière de sécurité.

La banque et l'économie internationale

Les banques dans le commerce international

Les banques jouent un rôle crucial dans le commerce international en fournissant des services financiers essentiels aux entreprises et aux gouvernements. Les banques sont souvent impliquées dans le financement du commerce international en proposant des produits tels que des lettres de crédit, des garanties et des crédits documentaires. Les banques sont également souvent impliquées dans le règlement des paiements internationaux, en facilitant les transferts de fonds entre les parties impliquées dans les transactions commerciales internationales.

Les banques peuvent également aider les entreprises à gérer le risque de change en proposant des produits financiers tels que les contrats à terme et les options. Ces produits permettent aux entreprises de se protéger contre les fluctuations des taux de change et de gérer leur exposition aux risques de change.

Les banques ont également un rôle important à jouer dans le financement des infrastructures et des projets à l'étranger. Les banques de développement, par exemple, peuvent fournir des financements pour les projets d'infrastructure et les projets de développement dans les pays en développement. Les banques commerciales peuvent également être impliquées dans le financement de projets à l'étranger en proposant des prêts à long terme et des financements structurés.

Les banques sont également impliquées dans le financement du commerce international de matières premières telles que le pétrole et les métaux. Les banques peuvent aider les entreprises à financer l'achat de matières premières en proposant des financements structurés et en agissant en tant que courtiers pour les contrats à terme sur les matières premières.

Cependant, les banques sont également exposées à des risques dans le commerce international, tels que le risque de crédit et le risque de change. Les banques doivent donc être capables de gérer ces risques de manière efficace et prudente.

Le rôle des banques dans les crises financières

Le rôle des banques dans les crises financières est un sujet crucial pour comprendre comment les banques peuvent influencer et contribuer aux instabilités économiques. Les crises financières ont été des événements marquants de l'histoire économique récente, et les banques ont souvent été pointées du doigt comme étant l'une des causes majeures de ces crises.

Lors des crises financières, les banques ont tendance à être impliquées de plusieurs manières. L'une des principales causes est l'octroi excessif de crédits. Les banques ont souvent accordé des prêts à des emprunteurs qui ne pouvaient pas les rembourser, créant ainsi des bulles de crédit et une dette excessive. Les banques ont également été impliquées dans des activités de spéculation sur les marchés financiers, souvent en utilisant des produits financiers complexes tels que les produits dérivés. Les banques ont également été impliquées dans des pratiques de gestion de risques inappropriées et peu transparentes, créant ainsi des risques systémiques importants pour l'économie.

Lorsque ces bulles de crédit éclatent et que les risques se matérialisent, les banques peuvent se retrouver en difficulté. Si les emprunteurs ne peuvent pas rembourser leurs dettes, les banques peuvent subir des pertes importantes, ce qui peut entraîner des faillites bancaires et des crises financières. Ces crises peuvent également se propager à l'ensemble du système financier, créant ainsi une crise économique plus large.

Dans ce contexte, les banques centrales et les régulateurs financiers ont un rôle crucial à jouer pour atténuer les risques et les effets des crises financières. Les banques centrales peuvent jouer un rôle de prêteur en dernier ressort pour les banques en difficulté, fournissant des liquidités pour éviter des faillites bancaires. Les régulateurs financiers peuvent également jouer un rôle important en limitant les pratiques risquées des banques et en exigeant des réserves suffisantes pour faire face aux risques.

Cependant, il est important de souligner que les banques ne sont pas les seules responsables des crises financières. D'autres acteurs, tels que les gouvernements, les régulateurs financiers et les investisseurs, ont également un rôle à jouer pour prévenir et atténuer les effets des crises financières.

La politique monétaire et les banques centrales

La politique monétaire est un ensemble de mesures mises en place par les banques centrales pour influencer la quantité de monnaie en circulation et réguler l'économie. Les banques centrales ont un rôle crucial dans la stabilité financière et économique d'un pays.

L'une des principales fonctions des banques centrales est de contrôler l'offre de monnaie en circulation. Pour cela, elles utilisent plusieurs outils, tels que la fixation des taux d'intérêt, l'achat et la vente de titres d'État sur les marchés, ou encore la réglementation des réserves obligatoires des banques commerciales. L'objectif est d'influencer les comportements des agents économiques (ménages, entreprises, banques) pour favoriser la croissance économique tout en limitant l'inflation.

L'impact de la politique monétaire sur les banques est considérable. En effet, les banques commerciales sont les principales bénéficiaires des mesures mises en place par les banques centrales. Par exemple, lorsque la banque centrale baisse ses taux d'intérêt, cela rend le crédit moins cher, ce qui stimule la demande de crédit et peut conduire à une augmentation des dépôts bancaires. Cela peut permettre aux banques de dégager des profits plus importants.

Cependant, les banques peuvent également être affectées négativement par les mesures de politique monétaire. Par exemple, une hausse des taux d'intérêt peut rendre les prêts plus coûteux, ce qui peut décourager les emprunteurs et réduire les dépôts bancaires. Cela peut entraîner une diminution des bénéfices des banques et affecter leur capacité à accorder des prêts.

Les banques centrales jouent également un rôle important dans la stabilité financière. Elles sont responsables de la supervision et de la régulation des banques commerciales, ainsi que de la gestion des crises bancaires. Les banques centrales mettent en place des politiques de garantie des dépôts et de résolution des crises pour éviter les paniques bancaires et préserver la confiance des déposants.

La politique monétaire et les banques centrales ont également un rôle clé dans les échanges internationaux. Les fluctuations des taux de change peuvent avoir des effets significatifs sur l'économie et le commerce d'un pays. Les banques centrales peuvent intervenir sur les marchés des changes pour stabiliser les taux de change et éviter les variations brutales.

Les enjeux éthiques et environnementaux

La finance responsable et l'investissement socialement responsable (ISR)

La finance responsable et l'investissement socialement responsable (ISR) sont des concepts relativement récents dans le monde bancaire, mais ils sont de plus en plus importants pour les consommateurs et les investisseurs soucieux de l'impact social et environnemental de leurs choix financiers.

L'investissement socialement responsable (ISR) est une approche de l'investissement qui vise à investir dans des entreprises qui respectent des critères sociaux, environnementaux et de gouvernance (ESG). Cette approche permet de prendre en compte les impacts des entreprises sur la société et l'environnement dans la sélection des investissements.

Les banques ont un rôle clé à jouer dans l'investissement socialement responsable, en proposant des produits et services financiers qui prennent en compte les critères ESG. Les banques peuvent également jouer un rôle de sensibilisation auprès de leurs clients en les informant sur les avantages de l'investissement socialement responsable.

La finance responsable est une approche plus large qui prend en compte les impacts des institutions financières sur la société et l'environnement. Les banques peuvent intégrer des critères ESG dans leurs propres opérations et stratégies d'investissement pour avoir un impact positif sur la société et l'environnement.

Par exemple, les banques peuvent financer des projets qui ont un impact positif sur l'environnement, tels que les énergies renouvelables ou la protection de la biodiversité. Elles peuvent également s'engager à réduire leur propre empreinte carbone en utilisant des énergies renouvelables dans leurs opérations et en réduisant leur consommation d'énergie.

La finance responsable et l'investissement socialement responsable ne sont pas seulement des approches éthiques, mais elles peuvent également être rentables. Les entreprises qui respectent les critères ESG peuvent être plus résilientes et performantes à long terme, car elles sont mieux équipées pour faire face aux risques environnementaux et sociaux.

Les banques et la lutte contre le réchauffement climatique

Les banques jouent un rôle important dans la lutte contre le réchauffement climatique. En effet, en finançant des projets respectueux de l'environnement, elles peuvent contribuer à réduire les émissions de gaz à effet de serre et à favoriser la transition vers une économie plus verte.

Cependant, les banques ont longtemps été critiquées pour leur manque d'engagement en faveur de l'environnement.

Aujourd'hui, de plus en plus de banques prennent conscience de l'urgence de la situation et s'engagent à financer des projets durables et responsables.

Ces initiatives peuvent prendre différentes formes, telles que la mise en place de politiques de prêts favorisant les projets verts, l'investissement dans des fonds durables ou encore la mise en place de produits financiers spécifiques pour financer la transition énergétique.

Cependant, il est important de noter que la lutte contre le réchauffement climatique ne doit pas être considérée comme une simple opportunité commerciale pour les banques.
Il s'agit d'un enjeu crucial pour la planète et pour les générations futures.

Il est donc primordial que les banques s'engagent à respecter des normes environnementales strictes et à adopter des pratiques durables dans leurs activités quotidiennes. Cela peut passer par des initiatives telles que la réduction des émissions de gaz à effet de serre de leurs propres activités, la mise en place de politiques de recyclage ou encore l'utilisation d'énergies renouvelables.

Enfin, il est important de souligner que la lutte contre le réchauffement climatique ne peut être menée que de manière collective. Les banques ont un rôle à jouer, mais il est également crucial que les gouvernements, les entreprises et les citoyens s'engagent à réduire leur empreinte carbone et à soutenir la transition vers une économie plus verte.

La microfinance et l'inclusion financière

La microfinance est un outil essentiel pour promouvoir l'inclusion financière dans les pays en développement. Elle consiste à fournir des services financiers à des personnes qui n'ont pas accès aux services bancaires traditionnels, tels que les prêts, les épargnes et les transferts d'argent. Les bénéficiaires de la microfinance sont souvent des micro-entrepreneurs, des petits agriculteurs et des travailleurs indépendants qui cherchent à développer leur activité économique ou à investir dans leur éducation ou celle de leurs enfants.

La microfinance est souvent associée aux institutions de microfinance (IMF) qui sont des organisations qui fournissent ces services financiers. Les IMF ont été créées pour lutter contre la pauvreté et pour aider les personnes les plus démunies à devenir autonomes économiquement. Ces institutions ont émergé dans les années 1970 en Amérique latine et en Asie et ont connu une croissance rapide au cours des dernières décennies.

Les IMF ont un impact important sur la vie des populations vulnérables dans les pays en développement. Les prêts qu'elles fournissent permettent aux entrepreneurs de démarrer ou de développer leur entreprise, d'acheter de l'équipement ou de stocker des produits. Les épargnes offertes par les IMF permettent aux personnes de mettre de l'argent de côté pour les jours difficiles et d'investir dans leur avenir. Les transferts d'argent permettent aux travailleurs migrants de soutenir leur famille restée au pays.

La microfinance a également un impact positif sur la société dans son ensemble. Elle contribue à réduire la pauvreté, à créer des emplois et à stimuler l'économie locale. Elle renforce également la confiance des populations dans les institutions financières et facilite l'accès à d'autres services financiers tels que les assurances et les crédits pour les grandes entreprises.

Cependant, la microfinance n'est pas sans risques. Les IMF doivent faire face à des défis tels que le remboursement des prêts, la gestion des risques, le financement de leur propre croissance et la réglementation. Elles doivent également faire preuve de transparence et de responsabilité pour garantir la confiance des investisseurs et des bénéficiaires.

Malgré ces défis, la microfinance continue de se développer et d'avoir un impact positif sur les populations vulnérables dans les pays en développement. Elle est devenue un outil essentiel pour promouvoir l'inclusion financière et pour permettre à ceux qui en ont besoin de réaliser leur potentiel économique.

Perspectives d'avenir pour le secteur bancaire

Les défis et opportunités pour les banques traditionnelles

Les banques traditionnelles font face à de nombreux défis et opportunités dans un environnement économique et technologique en constante évolution. Les défis pour les banques traditionnelles incluent la concurrence croissante des néobanques et des fintechs, l'évolution des réglementations, les pressions sur les marges et la nécessité de continuer à innover pour répondre aux besoins des clients.

La concurrence croissante des néobanques et des fintechs est l'un des défis majeurs pour les banques traditionnelles. Les néobanques et les fintechs ont des coûts d'exploitation inférieurs et sont souvent plus agiles dans leur façon de répondre aux besoins des clients. Elles proposent également des produits et services innovants qui attirent les clients qui cherchent une expérience bancaire plus personnalisée et digitale.

Un autre défi pour les banques traditionnelles est l'évolution des réglementations. Les réglementations deviennent de plus en plus strictes, ce qui rend difficile pour les banques traditionnelles de maintenir leur rentabilité tout en respectant les normes de conformité. Les banques doivent être en mesure de suivre les nouvelles réglementations, tout en s'assurant que leur conformité ne les empêche pas d'innover et de fournir des produits et services compétitifs.

Les pressions sur les marges sont également un défi pour les banques traditionnelles. Les marges des banques traditionnelles sont sous pression en raison de la baisse des taux d'intérêt, de la concurrence accrue et des coûts de conformité élevés. Les banques doivent être en mesure de gérer leurs coûts tout en maintenant des marges saines.

Cependant, les banques traditionnelles ont également des opportunités à saisir. L'une de ces opportunités est la capacité de proposer des produits et services complémentaires aux clients. Les banques traditionnelles ont une relation établie avec leurs clients et peuvent utiliser cette relation pour proposer des services tels que la gestion de patrimoine, les prêts hypothécaires et les assurances. Cela permet aux banques de diversifier leurs sources de revenus et de maintenir des marges saines.

Les banques traditionnelles ont également la possibilité de s'adapter à l'évolution des technologies. Les banques peuvent utiliser l'intelligence artificielle, la blockchain et d'autres technologies pour améliorer leur efficacité opérationnelle, offrir des services plus personnalisés et améliorer l'expérience client. Les banques traditionnelles peuvent également tirer parti des données des clients pour améliorer leurs services et leurs produits.

L'avenir des banques face aux évolutions technologiques

L'avenir des banques est étroitement lié à l'évolution rapide de la technologie. Les technologies financières (fintechs) et les géants de la technologie tels que Google, Apple, Facebook, Amazon (GAFA) sont en train de bouleverser le secteur bancaire traditionnel. Les banques sont confrontées à une concurrence croissante et doivent s'adapter rapidement aux évolutions technologiques pour rester compétitives. Dans cette section, nous allons examiner les principales tendances et les défis auxquels les banques seront confrontées dans les années à venir.

Tout d'abord, la digitalisation est en train de transformer radicalement la façon dont les banques interagissent avec leurs clients. Les services bancaires en ligne et mobiles sont de plus en plus populaires, permettant aux clients de gérer leurs comptes et de réaliser des transactions depuis n'importe où et à tout moment. Les banques doivent investir dans des plateformes numériques robustes et faciles à utiliser pour répondre aux besoins de leurs clients.

En outre, les banques doivent se préparer à l'arrivée de nouvelles technologies disruptives telles que la blockchain et les cryptomonnaies. La blockchain, une technologie de registre distribué qui permet des transactions décentralisées et transparentes, a le potentiel de réduire considérablement les coûts et les temps de traitement des transactions. Les banques doivent explorer les opportunités offertes par la blockchain et les cryptomonnaies tout en gérant les risques associés à ces technologies émergentes.

Les banques doivent également investir dans l'intelligence artificielle (IA) et l'apprentissage automatique pour améliorer leurs capacités de traitement des données. Les algorithmes d'IA peuvent aider les banques à détecter les fraudes, à évaluer les risques de crédit et à personnaliser les offres de produits et services pour leurs clients. Cependant, les banques doivent également être conscientes des risques associés à l'utilisation de l'IA, tels que la discrimination algorithmique et le biais.

Enfin, les banques doivent se concentrer sur la cybersécurité pour protéger les données de leurs clients et éviter les violations de données. Les attaques informatiques sont de plus en plus sophistiquées et les banques doivent investir dans des technologies de pointe pour protéger leurs systèmes et données.

Les nouvelles tendances et les modèles d'affaires émergents

Les nouvelles tendances et les modèles d'affaires émergents dans le secteur bancaire sont en constante évolution et impactent la façon dont les banques interagissent avec leurs clients et gèrent leurs activités. Les avancées technologiques sont au cœur de ces changements, permettant aux banques de proposer des services plus efficaces et plus personnalisés. Voici quelques tendances clés à prendre en compte :

La banque en ligne : Les banques en ligne ont révolutionné le secteur bancaire en offrant une alternative pratique aux banques traditionnelles. En proposant des services entièrement en ligne, ces banques ont supprimé les contraintes géographiques et ont permis aux clients de gérer leurs comptes et d'effectuer des transactions à partir de n'importe où dans le monde.

L'intelligence artificielle et l'automatisation : Les banques utilisent de plus en plus l'intelligence artificielle pour automatiser les processus de traitement des données et pour analyser les données clients afin de fournir des produits et des services plus personnalisés. Les chatbots et autres assistants virtuels sont également utilisés pour répondre aux demandes des clients en temps réel.

La blockchain : La technologie blockchain permet aux banques de transférer des fonds en toute sécurité sans avoir besoin de passer par des tiers de confiance tels que les banques centrales. Les banques peuvent ainsi réduire les coûts de transaction et accélérer les délais de traitement.

Les paiements mobiles : Les paiements mobiles sont en train de devenir la norme dans de nombreux pays. Les banques proposent des applications mobiles permettant aux clients de réaliser des transactions en toute sécurité depuis leur smartphone.

Les néobanques : Les néobanques sont des startups proposant des services bancaires innovants, tels que des comptes courants gratuits et des cartes de crédit personnalisées. Ces nouvelles entreprises bousculent le secteur bancaire traditionnel en proposant des solutions plus flexibles et moins coûteuses.

Les partenariats banques/fintech : Les banques collaborent de plus en plus avec des entreprises de fintech pour proposer des services innovants à leurs clients. Les fintech apportent une expertise technologique que les banques peuvent utiliser pour améliorer leurs services, tandis que les banques offrent une base de clients et une expertise financière.

Les offres d'investissement automatisées : Les banques proposent de plus en plus des offres d'investissement automatisées, appelées «robo-advisors». Ces services utilisent des algorithmes pour analyser les données clients et proposer des investissements personnalisés.

Remerciement

Chers lecteurs,

Tout d'abord, je tiens à vous remercier d'avoir pris le temps de lire cet ouvrage. J'espère que ce livre vous a permis de découvrir et de mieux comprendre le monde fascinant des banques.

Je tiens également à remercier tous les professionnels de la banque et de la finance qui ont contribué à la rédaction de cet ouvrage en partageant leur expérience et leur expertise. Vos connaissances et votre passion pour le sujet ont été une source d'inspiration et d'enrichissement pour ce livre.

Je suis convaincu que la compréhension des mécanismes bancaires et financiers est essentielle pour comprendre le fonctionnement de l'économie mondiale et pour prendre des décisions éclairées dans notre vie quotidienne.

Enfin, je tiens à exprimer ma gratitude envers toutes les sources qui ont été consultées et qui ont servi de référence pour la rédaction de cet ouvrage. Ces sources ont permis d'étayer les arguments présentés et de garantir la qualité et la fiabilité des informations présentées.

En somme, j'espère que vous avez apprécié la lecture de cet ouvrage autant que j'ai apprécié son écriture. Je vous souhaite une excellente continuation et vous invite à continuer à vous informer sur le monde bancaire et financier, un domaine en constante évolution.

Bien à vous,

www.ingramcontent.com/pod-product-compliance
Lightning Source LLC
Chambersburg PA
CBHW070806220526
45466CB00002B/563